电子商务
——大数据时代的重构与创新

齐　丹◎著

北京工业大学出版社

图书在版编目（CIP）数据

电子商务——大数据时代的重构与创新 / 齐丹著 . —北京：北京工业大学出版社，2018.12（2021.5 重印）

ISBN 978-7-5639-6520-5

Ⅰ . ①电… Ⅱ . ①齐… Ⅲ . ①电子商务 Ⅳ . ① F713.36

中国版本图书馆 CIP 数据核字 (2019) 第 020329 号

电子商务——大数据时代的重构与创新

著　　者：齐　丹
责任编辑：刘亚茹
封面设计：晟　熙
出版发行：北京工业大学出版社
（北京市朝阳区平乐园 100 号　邮编：100124）
010-67391722（传真）　bgdcbs@sina.com
出 版 人：郝　勇
经销单位：全国各地新华书店
承印单位：三河市明华印务有限公司
开　　本：787 毫米 ×1092 毫米　1/16
印　　张：9.5
字　　数：210 千字
版　　次：2018 年 12 月第 1 版
印　　次：2021 年 5 月第 2 次印刷
标准书号：ISBN 978-7-5639-6520-5
定　　价：48.00 元

前　言

21 世纪展现在人类面前的是一个以数字化、网络化、信息化为特征的信息时代。电子商务作为信息时代的新商贸形式，可以提供网上交易和管理等全过程的服务，包括广告宣传、咨询洽谈、网上订购、网上支付、电子账户、服务传递、意见征询和业务管理等各项内容，不仅仅对企业的经营方式和运作过程产生巨大影响，也对消费者的思维方式、工作方式和生活方式有巨大影响，这种环境变化要求企业必须建立与之相适应的新的经营理念和管理模式。

本书以大数据时代为背景，重点阐述了电子商务的重构与创新，首先综述了电子商务的有关概念、特征、产生、发展及其服务内容，其次讲述了大数据时代下电子商务的发展趋势与政策支持，以及当前制约我国电子商务发展的障碍性因素，并提出了促进电子商务继续创新发展的建议，然后分析了移动电子商务应用模式的创新，最后对电子商务的安全进行了详细的分析和总结。

作者在撰写本书的过程中参考并吸收了有关国内外文献资料、著作和网站的相关研究成果，同时也得到了许多同人的大力支持，在此深表谢意！

由于我们对电子商务的研究还不够深入，而且，电子商务的理论仍处于发展之中，书中难免有不足之处，敬请各位老师在使用过程中提出宝贵意见，以便不断完善。

作　者

2018 年 11 月

目　录

第一章 电子商务总论

第一节 电子商务的概念与特征

一、电子商务的概念

（一）世界电子商务会议关于电子商务的概念

1997 年 11 月 6~7 日，国际商会在法国首都巴黎举行了世界电子商务会议，从商业角度提出了电子商务的概念：电子商务是指实现整个贸易活动的电子化。从涵盖范围方面可以定义为：交易各方以电子交易方式而不是通过当面交换或直接面谈方式进行的任何形式的商业交易；从技术方面可以定义为：电子商务是一种多技术的集合体，包括交换数据（如电子数据交换、电子邮件）、获得数据（如共享数据库、电子公告牌）以及自动捕获数据（如条形码）等。

电子商务涵盖的业务包括：信息交换、售前售后服务（如提供产品和服务的细节、产品使用技术指南、回答顾客意见）、销售、电子支付（如使用电子资金转账、信用卡、电子支票、电子现金）、运输（包括商品的发送管理和运输跟踪，以及可以电子化传送的产品的实际发送）、组建虚拟企业（组建一个物理上不存在的企业，集中一批独立中小公司的权限，提供比任何单独公司多得多的产品和服务）、公司和贸易伙伴可以共同拥有和运营共享的商业方法等。

（二）联合国国际贸易法委员会的表述

为了适应使用计算机技术或其他现代技术进行交易的当事方之间通信手段发生的重大变化，1996 年 12 月 16 日，联合国国际贸易法委员会通过了《电子商务示范法》（以下简称《示范法》）。但《示范法》并未给出明确的“电子商业”的定义，只是强调这种电子商业交易手段的特殊性，即在商业交易中使用了数据电文作为交易信息的载体。

《示范法》对“电子商业”中的“商业”一词做了广义解释：“使其包括不论是契约型还是非契约型的一切商务性质的关系所引起的种种事项。商务性质的关系包括但不限于下列交易：供应或交换货物或服务的任何贸易交易；分销协议；商务代表或代理；客账代理；租赁；工厂建造；咨询；工程设计；许可贸易；投资；融资；银行业务；保险；开发协议或特许；合营或其他形式的工业或商务合作；空中、海上、铁路或公路的客、货运输。”《示范法》第2条对数据电文做了明确的定义："数据电文系指经由电子手段、光学手段或类似手段生成、储存或传递的信息，这些手段包括但不限于电子数据交换、电子邮件、电报、电传或传真。”

联合国贸易法委员会认为，在“电子商业”的标题下，可能广泛涉及数据电文在贸易方面的各种用途。“电子商业”概念所包括的通信手段有以下各种以使用电子技术为基础的传递方式：以电子数据交换进行的通信，狭义界定为电子计算机之间以标准格式进行的数据传递；利用公开标准或专有标准进行的电文传递；通过电子手段，如通过互联网络进行的自由格式的文本的传递。电子商业的一个显著特点是它包括了可编程序电文，通过计算机程序制作是此种电文与传统书面文件之间的根本差别。

（三）经济合作与发展组织关于电子商务概念的理解

经济合作与发展组织（OECD）曾对电子商务的定义做过深入研究，其研究报告《电子商务的定义与统计》指出，狭义的电子商务定义主要包括利用计算机网络技术进行的商品交易，而广义的电子商务将定义的范围扩大到服务领域。公共统计部门为了数据收集的需要和便利，常常将电子商务局限于某一领域，如互联网商务。而国家政策部门为了扩大影响，其对电子商务的定义几乎涵盖了经济生活的各个方面，将电子政务归于电子商务之中就是一个典型。

OECD认为，类似于其他横向活动一样，很难对电子商务做出一个精确的定义。作为一个通用的定义，“电子商务”应当包括两个方面：一是交易活动或形式；二是能够使交易活动进行的通信设施。交易活动或形式所涵盖的范围可以是广义的，也可以是狭义的：前者包括大部分不同层次的商务活动，如工程设计、商务、交通、市场、广告、信息服务、结算、政府采购、保健、教育等；后者仅仅包括通过电子化实现的零售或配送等。通信设施可以再分为两个部分：应用软件与网络。所有软件（如网络软件、EDI软件等）应当可以在所有可能的通信网络（如开放的、封闭的、私人的或非私人的网络）上运行。

理解技术与商务过程的相互关系是理解电子商务定义的关键。电子商务的定义应当反映现代经济活动转变的状态，反映信息技术在商务活动中的应用，否则，就不能区别存在多年的利用传真或电话进行的电子交易；电子商务的定义也不能局限于信息软件和通信技术，它应当反映信息软件和通信技术在全部商业过程价值链中的应用。

2004年，OECD从业务流程的角度对电子商务进行再次定义：电子商务是以计算机网络为媒介的自动商务流程，既包括企业内部流程，也包括企业外部流程。电子商务的处理过程需要整合各项任务并且逾越单独的和个人的应用。

（四）本书对电子商务的定义

综合各方面不同看法，虽然电子商务所涵盖的内容非常复杂，但仍然需要有一个比较简明的概念以利于电子商务的推广。本书对电子商务的概念做如下表述：

电子商务系指交易当事人或参与人利用现代信息技术和计算机网络（主要是互联网）所进行的各类商业活动，包括货物贸易、服务贸易和知识产权贸易。

对电子商务的理解，应从“现代信息技术”和“商务”两个方面考虑。一方面，“电子商务”概念所包括的“现代信息技术”应涵盖各种以电子技术为基础的通信方式；另一方面，对“商务”一词应做广义解释，使其包括不论是契约型还是非契约型的一切商务性质的关系所引起的种种事项。如果将“现代信息技术”看作一个子集，将“商务”看作另一子集，则电子商务所覆盖的范围应当是这两个子集所形成的交集，即“电子商务”标题之下可能广泛涉及的互联网、内部网和电子数据交换在贸易方面的各种用途。

二、电子商务的特点

电子商务与传统商务相比具有明显的特征，主要表现为以下几个方面：

（一）交易虚拟化

电子商务通过互联网开展贸易，参与贸易的各方从贸易磋商、签订合同到资金支付等都无须当面进行，整个交易完全虚拟化。对卖方来说，可以通过建设自己的网站或者大型网络交易平台，将产品信息发布到互联网上。对买方来说，通过网络找到自己需要的产品。买卖双方通过网上洽谈，签订电子合同，完成交易并进行电子支付。

（二）交易成本低

①距离越远，网络上进行信息传递的成本相对信件、电话、传真等而言就越低。

②买卖双方通过网络进行商务活动，无须中介者参与，减少了交易环节。

③电子商务实行“无纸化贸易”，可减少 90% 的文件处理费用。

④企业利用内部网可实现“无纸化办公”，提高内部信息传递的效率，节省时间，并降低管理成本。而且，企业通过互联网可把总部、代理商，以及分布在各地的子公司、分公司联系在一起，及时对各地市场做出反应，及时生产、及时销售，降低库存，采用高效快捷的配送公司提供交货服务，从而降低产品成本。

⑤卖方可通过网络进行产品宣传，省去了在传统方式下的广告费用。

（三）交易效率高

由于互联网将贸易中的商业报文标准化，使商业报文能在各地瞬间完成传递与计算机自动处理，原材料采购、产品生产、需求与销售、银行汇兑、保险、货物托运及申报等过程无须人员干预，在最短时间内完成。

（四）交易透明化

买卖双方从交易洽谈、签约、货款的支付到交货都在网络上进行。通畅、快捷的信息传输可以保证各种信息之间互相核对，可以防止伪造信息的流通。同样，在典型的许可证EDI系统中，由于加强了发证单位和验证单位的通信、核对，所以假的许可证就不易漏网。海关EDI也帮助杜绝边境的假出口、兜圈子、骗退税等违法行径。

三、电子商务与传统商务的比较

（一）电子商务与传统商务的关系

电子商务与传统商务并不是截然分开的，两者有着密切的联系。根据产品、过程和参与者的虚拟化程度，可以设计一个三维坐标图。产品为纵坐标，过程为横坐标，参与者为水平坐标，箭头的指向表示虚拟程度的高低，即离原点越远，产品、过程和参与者的虚拟化程度越高。据此，我们可以将坐标图显示的空间划为8个部分。左下方带有阴影的方格表示的商务形式为传统商务，此种形式商务的3种要素都是物质形态的；右上方阴影表示的方格则代表纯粹的电子商务，其中包括的3个要素都是数字化的；而所有其他方格所包含的3个要素则兼有实物性和虚拟性，即它们所包含的3种要素中至少有一个变量是非数字形式的，这些方格表示不完全的电子商务。从左下方到右上方，数字化程度逐渐加强，传统商务逐步向纯粹的电子商务过渡。

（二）电子商务的优势与劣势

1. 电子商务的优势

企业对电子商务感兴趣的理由非常简单，就是电子商务可以为企业带来利润。对企业来说，电子商务的优势可以概括成一句话，那就是电子商务可以增加销售额并降低成本。具体来说：第一，电子商务可以增加卖方的销售机会。企业可以通过网络找到许多新的贸易伙伴，减少交易环节，增加交易机会，降低交易成本。第二，可以增加买方的购买机会。与传统商务相比，电子商务给买方提供了更多的选择，因为买方可以考虑更多的产品和服务。第三，电子商务可以24小时提供交易机会，而且不受交易地点的限制。第四，电子商务可以惠及整个社会。互联网可以安全、迅速、低成本地实现税收、退休金和社会福利金的电子支付。而且由于电子商务可以让人们在家工作，交通拥挤和环境污染也可以得到缓解。

2. 电子商务的劣势

①由于现有技术和软件方面的问题，有些业务也许永远不能使用电子商务。

②对电子商务进行投资时，其收益是很难计算的，所以实施电子商务的成本和收益也很难精确计算。

③很多企业在实施电子商务时，还会遇到文化和法律上的障碍。一些消费者不愿意在互联网上发送信用卡账号；还有些消费者不愿改变购物习惯，宁愿到商场亲自购物。另外，

电子商务所面临的法律环境也充满了相互抵触和冲突的问题，很多情况下，立法跟不上技术的发展。

④互联网正在把世界各地的人连在一起，因此也带来了国际电子商务。但是，世界各国的政治结构还跟不上互联网技术的发展，所以国际化的电子商务还面临着许多挑战。

第二节 电子商务的产生与发展

一、电子商务的产生

20 世纪 90 年代以来，随着网络、通信和信息技术的突破性进展，互联网在全球呈爆炸性的增长并迅速普及，使得现代商业具有不断增长的供货能力、客户需求和全球竞争三大特征。在这一新趋势下，一种基于互联网、以交易双方为主体、以银行电子支付和结算为手段、以客户数据为依托的全新商务模式——电子商务出现并发展起来。

二、电子商务的发展

（一）迅速扩展阶段

1996 年 12 月 16 日，联合国第 85 次全体会议通过了第 51/162 号决议，正式颁布了《贸易法委员会电子商业示范法》（以下简称《电子商务示范法》）。《电子商务示范法》的颁布，规范了电子商务活动中的各种行为，极大地促进了世界电子商务的发展，并为各国电子商务立法提供了一个范本。

1997 年 4 月 15 日，欧盟提出了《欧盟电子商务行动方案》，对信息基础设施、管理框架和商务环境等方面的行动原则进行了规定。同年 7 月 1 日，美国政府发表了《全球电子商务政策框架》文件，提出了开展电子商务的基本原则、方法和措施。该文件第一次将互联网的影响与 20 年前的工业革命相提并论，极大地推动了美国和世界电子商务的发展。这一年，通过互联网形成的电子商务交易额达到 26 亿美元。

1998 年，ffiM、HP 等跨国公司相继宣布该年度为“电子商务年”，得到众多信息技术公司和商务公司的响应。1999 年 12 月 14 日，Ziff-Davis（兹夫 - 戴维斯）杂志牵头组织了 301 位世界著名的互联网和 IT 业巨头、相关记者、民间团体、学者等，经过半年时间，对 7 项 47 款标准进行了两轮投票，确定了世界上第一个互联网商务标准，虽然这并不是一个法律文本，但遵守这一标准的销售商的确在随后的几年中获得了更大的发展。

2000 年世界电子商务交易额达到 3549 亿美元。

（二）稳步发展阶段

进入21世纪，互联网经济遭到第一次沉重的打击。美国纳斯达克指数暴跌，网络股的价值缩水使得投资人忧心忡忡。一时间，众多的注意力集中在互联网经济的泡沫上。尤其是作为电子商务典范的美国亚马逊公司经营情况的恶化、8848等电子商务公司的倒闭，更加大了人们对电子商务的恐惧心理，似乎电子商务已经走到崩溃的边缘。甚至有人惊呼，网络公司已经开始分享“最后的晚餐”。

面对电子商务发展的严峻形势，联合国有关组织加大了电子商务发展工作的力度。2001年5月10日，联合国促进贸易和电子商务中心（UN/CEFACT）与结构化信息标准发展组织（OASIS）正式批准了标准，为拓展一个统一的全球性的电子商务交易市场奠定了基础。

2001年11月，联合国贸易和发展委员会发表了由联合国秘书长安南亲自作序的《2001年电子商务和发展报告》。这一长达40万字的报告，在充分考察电子商务发展过程的基础上，深入分析了电子商务对发达国家和发展中国家的影响，构造了电子商务发展环境模式和实践方法，并对电子商务的应用进行了全面总结。应当说，在电子商务发展的关键时刻，这一报告对于促进世界电子商务的发展起到了极为重要的作用。

2002年1月24日，联合国第56届会议通过了《联合国国际贸易法委员会电子签字示范法》（以下简称《电子签字示范法》），这是联合国继《电子商务示范法》后通过的又一部涉及电子商务的重要法律。该法试图通过规范电子商务活动中的签字行为，建立一种安全机制，促进电子商务在世界贸易活动中的全面推广。会议之后，联合国国际贸易法委员会电子商务工作组将工作的重点转移到电子订约的立法工作上，并提出了电子订约立法的整体构思。与此同时，各国政府也相继推出各种鼓励政策，继续支持电子商务的发展。电子商务摆脱了世界经济萎缩和行业泡沫破灭的影响，步入了稳步发展阶段。

三、世界电子商务发展现状

（一）北美地区

美国在20世纪90年代中期开始了电子商务的革命，电子商务已经成为美国经济中不可或缺的重要组成部分。2013年美国电子商务市场销售规模约为2630亿美元，占比达到5.8%，相比2012年的2255万美元（约合1.4亿人民币）增长14.8%。2013年美国移动端的电子商务交易额达388.4亿美元（约合2425.6亿人民币），相较2012年的248.1亿美元（约合1549.4亿人民币）增长56.5%。

加拿大是全球电子商务最为发达的国家之一。2010年，加拿大80%的16岁以上个人在使用互联网，有资料表明，加拿大2010年的全国居民宽带普及率就已达到98%，农村宽带普及率为96%，2013年，加拿大电子商务销售额占总零售额的4.5%。

（二）欧洲地区

互联网的飞速发展已经冲击了欧洲社会的各行各业，尤其是商业、法律、技术及金融等部门。目前有 8.16 亿人生活在欧洲，其中网民人数为 5.65 亿，网购用户为 2.64 亿，社交媒体用户为 4.43 亿。欧洲人均年网购金额为 1884 美元。

2013 年，欧洲的电子商务交易总额达到 4969 亿美元（约合 3630 亿欧元），同比增长 19%。其中，46% 来自服务贸易，54% 来自实物交易。其中，欧盟 28 国（现在为 27 国）的电子商务交易总额为 4352 亿美元，同比增长 18%。2013 年，欧洲网上零售的交易总额为 50.36 亿美元，同比增长 18.68%。欧洲网上零售已至少连续 5 年保持着两位数百分比的增长率。

（三）亚洲和太平洋地区

互联网在亚太地区已经深入百姓的日常生活中，成为人们生活中不可分割的一部分。

2013 年第三季度，韩国电子商务交易额达 292.034 万亿韩元（约合人民币 1.67 万亿元），同比增幅仅为 5.3%，环比减少 5.4%。企业间的交易规模同比增加 4.8%，企业与政府间的交易增加 11.6%，企业与个人间的交易增加 14.4%，个人之间的交易增加 14.8%。第三季度的网络购物的交易总额为 9.603 万亿韩元，同比增加 13.5%。

电子商务在日本经济活动中所占的地位越来越重要，并正在迅速改变着企业经营方式和人们的生活习惯。2012 年，日本 B2C（商对客）市场规模为 9.5 万亿日元，同比 2010 年增长 12.5%。同时，代表电子商务浸透指标的电子商务转化率约为 3.1%，同比 2010 年增长 0.3%。日本狭义 B2B（企业对企业）市场规模约为 178 万亿日元，同比 2010 年增长 4.1%，电子商务转化率为 17.5%（狭义），同比 2010 年增长 1.4%。

日本电子商务的发展得益于网络通信基础环境的迅速发展、具有鲜明特色的移动通信和移动上网的快速发展及拥有众多的便利店。根据企业界的要求，日本政府尤其是日本国际经贸部积极与私人机构合作，在日本经济的每一个商务活动中开展电子商务的促进计划。此外还加强电子商务预算，扶持电子商务企业发展。

新加坡是世界上电子商务发展最为迅速的国家之一。据新加坡信息通信发展局和国家统计局的统计，新加坡电子商务收入近年来翻了几番，在新加坡 9000 家公司中，98.7% 的公司使用了互联网，包括在线销售和购买，以及与政府有关的网上服务。新加坡的电子商务大部分来自 B2B 业务，金融和会计业务是 B2B 电子商务收入的主要部分，占 56%，为 285.1 亿美元。增长率最高的行业是交通、存储和电信，幅度为 265%，其次是批发、零售和制造业。

（四）其他地区

拉丁美洲是除了北美、欧洲和亚太地区以外，另一个大的电子商务区域。拉丁美洲各国 B2C 电子商务消费情况各不相同，其中，巴西成为该地区的佼佼者，其国内 B2C 电子商务消费额占整个拉丁美洲地区总额的59.1%，排在其后的分别为墨西哥、加勒比地区、阿根廷、智利、委内瑞拉、中美洲地区、哥伦比亚、秘鲁及其他所占有份额更少的国家。

拉丁美洲电子商务发展迅速，吸引了亚马逊这样的国际电商，其2013年在拉丁美洲市场的零售增幅达到142%。拉丁美洲电子产务的年交易总额已经超过600亿美元。2013年，亚马逊全球交易额299.3亿美元中，拉丁美洲占4.75亿美元，其多数来自亚马逊增长最快的海外市场——巴西。亚马逊在拉丁美洲的交易额增幅分别是欧洲的8.3倍、中国的3.7倍和北美市场的7倍。

四、我国电子商务的发展

纵观电子商务发展历程，可以将其划分为3个历史阶段：

（一）初创期（1997 ~ 2002年）

互联网虽然是舶来品，但是却受到人们的热切期待。加之此时美国网络热潮兴起，也催使我国互联网得以快速发展，中国化工网、8848、阿里巴巴、易趣网、当当网、美商网等知名电子商务网站很快就在最初的几年时间里发展起来。然而，由于这段时期我国信息化发展水平仍然较低，社会大众对于电子商务仍然缺乏了解，加上不久之后的互联网泡沫等，电商网站大多举步维艰。不过，这段时期的经历为我国电子商务发展打下了很好的基础，营造了很好的社会舆论和环境。

（二）快速发展期（2003 ~ 2007年）

在这段时期里，电子商务的发展获得了难得的历史机遇，支撑电子商务发展的一些基础设施和政策也在这期间得以发展起来。阿里巴巴先后建立淘宝网并推出“支付宝”。国家也先后出台了一些促进电子商务发展的重要措施，《国务院办公厅关于加快电子商务发展的若干意见》《电子商务发展“十一五”规划》等接连落地，从政策层面为电子商务发展指明了方向。

（三）创新发展期（2008年至今）

尽管受到国际金融危机的影响，但是2008年以来我国电子商务仍然以较高的速度增长。这段时期的特点是，我国电子商务初步形成了具有中国特色的网络交易方式，网民数量和物流快递行业都快速增长，电子商务企业竞争激烈，平台化局面初步成型。

当前，我国电子商务发展正在进入密集创新和快速扩张的新阶段，日益成为拉动我国消费需求、促进传统产业升级、发展现代服务业的重要引擎。我国电子商务的发展现状具有以下几个特点：

1. 我国电子商务保持快速增长态势，潜力巨大

我国近年来的电子商务交易额增长率一直保持快速增长势头。特别是网络零售市场更是发展迅速，2012年达到13 110亿元。而2013年天猫“11.11”购物狂欢节支付宝成交额达 350.19 亿元，更是让人们看到我国网络零售市场发展的巨大潜力。毫无疑问，电子商务正在成为国民经济快速可持续增长的重要动力和引擎。

2. 企业、行业信息化快速发展，为加快电子商务应用提供了坚实基础

近年来，在国家大力推进信息化和工业化融合的环境下，我国服务行业、企业加快信息化建设步伐，电子商务应用需求变得日益强劲。不少传统行业领域在开展电子商务应用方面取得了较好成绩。农村信息化取得了可喜的成绩，创新电子商务应用模式，涌现出一批淘宝店，一些村庄围绕自身的资源、市场优势，开展特色电子商务应用。传统零售企业纷纷进军电子商务。其他行业如邮政、旅游、保险等也都在已有的信息化建设基础之上，着力发展电子商务业务。

3. 电子商务服务业迅猛发展，初步形成功能完善的业态体系

从电子商务交易情况来看，近年来出现了一些新的发展趋势。一是发展模式不断演变。近年来 B2B 与 B2C 加速整合，并由信息平台向交易平台转变。二是零售电子商务平台化趋势日益明显。具体包括三种情况，即追求全品类覆盖的综合性平台、专注细分市场的垂直型平台、大型企业自营网站逐渐向第三方平台转变。三是平台之间竞争激烈，市场日益集中。以阿里巴巴、京东商城为第一梯队拉开了与其他中小型电子商务企业的差距。从支撑性电子商务服务业来看，近年来出现了不少重大的变化。例如，各方面的功能日益独立显现，呈现高度分工的局面；新一代信息技术在电子商务服务中得到快速应用，除了物联网技术外，大数据正逐渐让数据挖掘发挥其精准营销功能；电子商务平台的功能日益全能化。从辅助性电子商务服务来看，围绕网络交易派生出一些新的服务行业，如网络议价、网络模特、网（站）店运营服务与外包等。

4. 跨境电子交易获得快速发展

我国中小外贸企业跨境电子商务近年来保持了 30% 的年均增速。有关部门正加紧完善促进跨境网上交易对平台、物流、支付结算等方面的配套政策措施，促进跨境电子商务模式不断创新，出现了一站式推广、平台化运营、网络购物业务与会展相结合等模式，使得更多中国制造产品得以通过在线外贸平台走向国外市场，有力推动了跨境电子商务纵深发展。

此外，电子商务发展环境不断改善。全社会电子商务应用意识不断增强，应用技能得到有效提高。相关部门协同推进电子商务发展的工作机制初步建立，围绕电子认证、网络购物等主题，出台了一系列政策、规章和标准规范，为构建良好的电子商务发展环境进行了积极探索。

第三节　电子商务的分类及其服务内容

一、按照交易对象分类

（一）企业与消费者之间的电子商务

企业与消费者之间的电子商务，即 B2C（Business to Customer）电子商务。它类似于联机服务中进行的商品买卖，是利用计算机网络使消费者直接参与经济活动的高级形式。这种形式随着网络的普及迅速地发展，现已形成大量的网络商业中心，提供各种商品和服务。

（二）企业与企业之间的电子商务

企业与企业之间的电子商务，即 B2B（Business to Business）电子商务。B2B 包括特定企业间的电子商务和非特定企业间的电子商务。特定企业间的电子商务是在过去一直有交易关系或者今后一定要继续进行交易的企业间，为了相同的经济利益，共同进行的设计、开发或全面进行市场及库存管理而进行的商务交易。企业可以使用网络向供应商订货、接收发票和付款。非特定企业间的电子商务是在开放的网络中对每笔交易寻找最佳伙伴，与伙伴进行从定购到结算的全部交易行为。这里，虽说是非特定企业，但由于加入该网络的只限于需要这些商品的企业，可以设想是限于某一行业的企业。不过，它不以持续交易为前提，不同于特定企业间的电子商务。B2B 在这方面已经有了多年运作历史，使用得也很好，特别是通过专用网络或增值网络运行的电子数据交换（EDI）。

按照网站交易模式的不同，B2B 电子商务还可以分为水平网站和垂直网站。水平网站将买方和卖方集中到一个市场上来进行信息交流、发布广告、拍卖竞标、交易、库存管理等。此类网站也可视为各大企业内部采购部门的延伸，其主要客户一般是大型企业。“水平”主要是指这种网站的行业范围广，很多的行业都可以在同一个网站上进行贸易活动。

垂直网站是将特定产业的上下游厂商聚集在一起，让各阶层的厂商都能很容易地找到物料供应商或买主。美国由三大汽车制造商所形成的汽车零件交易网便是一种垂直市场。之所以称之为“垂直”网站，是因为这些网站的专业性很强，它们将自己定位在一个特定的专业领域内并沟通上下游生产企业。

（三）企业与政府方面的电子商务

企业与政府方面的电子商务，即 B2G（Business to Government）电子商务。这种商务活动覆盖企业与政府组织间的各项事务。政府采购清单可以通过互联网发布，公司可以电子化方式回应。同样，在企业税款的征收上，政府也可以通过电子交换方式来完成。美国政府已经从 1997 年 1 月起通过 EDI 完成政府年度采购任务，并于 1999 年最终取消了纸面单证。

通过上述 3 种电子商务的基本形式，可以产生出若干种派生形式，如 C2B（Consumer to Business）、C2C（Consumer to Consumer）、G2B（Government to Business）等。这些形式的运作过程与 B2C 和 B2B 电子商务基本类似，所以，本书将侧重点放在对 B2C 和 B2B 电子商务的研究上，对其他内容不做重点介绍。

二、按照商务活动形式分类

按照商务活动的内容分类，电子商务主要包括两类商业活动：一是间接电子商务——有形货物的电子订货，它仍然需要利用传统渠道（如邮政服务和商业快递）送货或实地交割（如房地产产品）；二是直接电子商务——无形货物和服务的网上交易，包括计算机软件、娱乐内容的联机订购、付款和交付，也包括金融产品、旅游产品的网上交易，或者是全球规模的信息服务。直接和间接电子商务均提供特有的机会，同一公司往往二者兼营。间接电子商务要依靠一些外部要素，如供应链、配送系统等。直接电子商务能够使双方越过地理界线直接进行交易，充分挖掘全球市场的潜力。

三、按照使用网络类型分类

根据使用网络类型的不同，电子商务目前主要有 4 种形式：EDI 商务、互联网商务、内联网商务和移动电子商务。

（一）EDI 商务

按照国际标准组织的定义，EDI 商务是“将商务或行政事务按照一个公认的标准，形成结构化的事务处理或文档数据格式，从计算机到计算机的电子传输方法”。简单地说，EDI 就是按照商定的协议，将商业文件标准化和格式化，并通过计算机网络，在贸易伙伴的计算机网络系统之间进行数据交换和自动处理。

EDI 主要应用于企业与企业、企业与批发商、批发商与零售商之间的批发业务。相对于传统的订货和付款方式，EDI 大大节约了时间和费用。相对于互联网，EDI 较好地解决了安全保障问题，这是因为使用者均有较可靠的信用保证，并有严格的登记手续和准入制度，加之多级权限的安全防范措施，从而实现了包括付款在内的全部交易工作数字化。

但是，由于 EDI 必须租用 EDI 网络上的专线，即通过购买增值网（VAN，Value Added Networks）服务才能实现，费用较高，也由于需要有专业的 EDI 操作人员，需要贸易伙伴也使用 EDI，因此只有大公司才有能力使用 EDI。这种状况使 EDI 虽然已经存在了 30 多年，但至今仍未广泛普及。近年来，随着计算机大幅度降价、互联网的迅速普及，基于互联网、使用可扩展标识语言（Extensible Markup Language，XML）的

EDI，即 web-EDI，或称 open-EDI 正在逐步取代传统的 EDI。而在 EDI 基础上发展起来的 ebXML（电子商务全球化标准），已经成为新世纪电子商务推广的重点。

（二）互联网商务

互联网商务是现代商务的新形式。它以计算机、通信、多媒体、数据库技术为基础，通过互联网络，在网上实现营销、购物服务。它突破了传统商业生产、批发、零售及进、销、存、调的流转程序与营销模式，真正实现了少投入、低成本、零库存、高效率，避免了商品的无效搬运，从而实现了社会资源的高效运转和最大节余。消费者可以不受时间、空间、厂商的限制，广泛浏览，充分比较，模拟使用，力求以最低的价格获得最为满意的商品和服务。

（三）内联网商务

内联网（Intranet）商务是利用企业内部网络开展的商务活动。内联网是指运用互联网技术，在企业内部所建立的网络系统。Intranet 只有企业内部的人员可以使用，信息存取只限于企业内部，并在安全控制下连上互联网。一般 Intranet 设有防火墙程序，以避免未经授权的人进入。由于建立成本较低，所以 Intranet 目前发展迅速。企业开展 Intranet 商务，一方面可以节省许多文件往来时间，方便沟通管理并降低管理成本，另一方面可通过网络与客户提供双向沟通，适时提供产品与服务，提升服务品质。

四、按照服务行业类型分类

按照服务行业的特点，电子商务可以分为若干不同的类型，如金融电子商务、旅游电子商务、娱乐（包括游戏）电子商务、房地产电子商务、交通运输电子商务、医药卫生电子商务等。相对于其他电子商务形式，这些类型的电子商务具有相当现实的盈利点。因为它们主要都是提供信息服务，而较少涉及实物运输，无需用很大精力解决复杂的物流配送问题。它们可以采用 B2C、B2B、C2B、C2C 等多种形式，具有用户范围广、营运成本低、无时空限制以及能同用户直接交流等特点。

第四节 电子商务在现代经济中的地位与影响

一、电子商务的价值创造

在分析电子商务在现代经济中的地位与作用时，一个首要的问题是：电子商务的价值从何而来？或者更准确地说，从宏观角度观察，网络经济作为信息社会的主流经济形态，如何通过价值创造和价值转移的方式获得其价值来源呢？

按照美国商务部1999年的说法，电子商务及其赖以实施的信息网络构成了网络经济的两个方面，而电子商务的应用在整个经济和社会范围内产生了巨大影响。

为了降低交易成本，改善提供给客户的服务，提高生产效率，无论是新出现的以互联网为基础的企业，还是传统的货物和服务的生产者，都在将其业务方式转化为电子商务。由于客户需求和交易需求的推动，企业组织正在努力想办法整合与顾客、供应商、合作伙伴在数据、信息系统、工作流程和工作实务等方面的业务，而他们又都有各自不同的标准、协议、传统、需要、激励和工作流程。

电子商务采用网络技术并以互联网作为最基本的沟通手段，将企业的价值主张通过创新链、供应链和价值链定位，进行持续不断的优化配置。业务（Business）仍旧是这种方式的核心部分，而“e”在其中扮演的是一种沟通手段，用来对核心部分进行优化。

传统的价值思考是基于一种农业经济和工业经济的假想和模式。而在一个飞速变化的全球网络竞争环境中，价值创造的基本逻辑发生了巨大的变化。

农业时代的财富来源于土地，通过运用有限的农业技术来顺应自然力的要求，进行农牧业的开发和财富的积累。这时候，劳动是财富之父，土地是财富之母，劳动成为价值增值的源泉，而新土地的使用和土地的兼并则成为增值的基础。

工业时代的财富来源于制造，社会通过分工和专业化提高了组织的作用，工厂建立起来进行生产，大学和研究机构建立起来以提供与之相适应的科学技术传播和劳动力的训练。工业生产的核心特征是“标准化基础上的规模经济”，制造效率的提高成为财富之母，流水线的作用使得社会经济高度组织化，效率成为至上的价值来源。

在信息时代，价值越来越多地是建立在数据、信息和知识的基础结构上。当服务经济转变到信息经济时，使用电子商务的优势就变得更为清晰。通过互联网，电子商务以一种前所未有的方式，集成传统商业活动中的物流、资金流和信息流，同时帮助企业将客户、经销商、供应商以及员工结合在一起。它改变了企业的生产方式，改变了传统的采购、营销及售后服务活动的方式，缩短价值链环节，从而为企业带来巨大的利润。

电子商务是互联网发展日臻成熟的直接后果，是网络技术应用新的发展方向。互联网自身所具有的开放性、全球性、低成本、高效率的特点，已成为电子商务的内在特征，它不仅使电子商务大大超越了作为一种新的贸易形式所具有的价值，而且为整个社会的价值创造带来了一种新的模式。

二、电子商务对社会生产力的推动作用

以微电子、计算机、通信和网络技术为代表的现代信息技术在经济领域的广泛应用，使得交易成本急剧下降，从而导致信息替代了资本在经济发展中的主导地位。作为重要的生产要素和战略资源，通过互联网传递的大量信息使得现有的社会资源获得高效配置，社会劳动生产率大幅度提高，并推动经济结构革新和产业结构的升级。

电子商务对于社会生产力的推动作用突出表现在三个方面：

（一）大幅度降低信息成本，提高信息使用效率

作为一个极为重要的商务信息载体和运送平台，电子商务降低了信息来源成本；突破了行业和产品物理特性的限制，使交易范围急剧放大；弥补了信息的不对称性，实现交易信息互换和交易行为的虚拟市场化。从目前市场情况看，电子商城、网上书店和网上拍卖等交易行为，无不体现与传统交易相比的信息成本优势。信息成本的低廉形成了对电子商务生存的最有力的支撑。

（二）大量减少中间环节，降低销售成本和购买成本

电子商务为买卖双方在网上直接交易提供了现实可能性，缩短了供求之间的距离。绕过传统的经销商而直接与客户沟通，企业可以将需求直接转化为企业的生产指令，减少了许多中间环节，使得零库存生产成为可能。在批发领域，电子商务可以在很大程度上取代传统商业在商品流通渠道中的批发职能，使批发商的作用大大削弱。除了农业生产资料要面对众多零星的农户以外，大多数生产消费者都有可能直接上网采购生产资料。而对于普通消费者，则可以通过网络购买，降低购物成本。

（三）有利于形成高效流通、交换体制

电子商务构成了虚拟社会中的整个商品交易的庞大网络，实体社会中商品的盲目实物移动转变为有目标的实物移动。借助于电子商务的信息沟通和需求预测，企业可以组织有效生产，形成高效流通、交换体制。政府则可以通过电子商务，将市场、企业和个人连接起来，方便地进行宏观调控。

三、电子商务是实现经济变迁的重要措施和手段

说到经济变迁，人们自然联想到制度变迁、技术变迁、体制变迁等。但是，用其中任何一种“变迁”来描述信息经济带给人类经济活动各个方面的深刻变化似乎都嫌单薄。“经济变迁”也许更多地包容了世纪之交产业社会向知识社会的根本转换，从企业经营管理到经济理论、社会经济结构、经济增长等。而就“变迁”本身而言，它需要“变迁”的内在和外在动力、变迁的传导形态和变迁的阶段性内容。20 世纪 70 年代以来，围绕发达工业国家的经济“滞胀”的压力，变迁的外在动力导致寻找新的经济增长点。

20 世纪 90 年代以来，以网络为核心的信息产业革命带来了经济的高增长、低通胀。1994 年至今，美国持续 4% 左右的经济增长正是以计算机和通信为基础、全方位信息服务相配合的信息产业带动的。从 1993 年到 1996 年，日本信息产业的平均增长率为 6.42%，高于日本整个产业平均增长率 1.68%。1996 年，日本国内的信息产业生产总值占所有产业生产总值的 11.4%，对国内生产实际增长率的贡献度为 15.4%。1998 年，我国 GDP 预期 8 个百分点的增长中，约有 1.44 个百分点来自信息产业。2005 年我国信息产业完成增加值 1.13

万亿元，约占 GDP 比重的 7.5%。

人类社会经济的发展曾经历了两次重大的转变：一次是在 1880 年前后由农业经济转变为工业经济，另一次是开始于 20 世纪 70 年代的工业经济向知识经济的转化。农业经济和工业经济都属于物质经济，因而农业经济转变为工业经济仍然属于在同一形式下的经济转变。与第一次转变相比，工业经济转变为知识经济却是由旧的经济形式向新的经济形式的转变，因此这种转变对经济发展的影响要比第一次深远得多、广泛得多。而在这样一种转变过程中，电子商务是一种非常重要的、关键性的措施和手段，因为它是将信息技术与传统经济连接起来的最有效的桥梁。电子商务将会对世界经济发展和竞争格局产生巨大的影响。

四、电子商务发展是促进市场资源有效配置的必要手段

中国经济的发展需要一个高效、健全、可持续的发展战略与发展模式，以满足与支持全球资源配置的能力。要发挥我们的比较优势，更需要我们有一个高效而廉价的交易平台。

电子商务是一种手段，也是企业不可忽视的一种竞争力。无论是传统产业的转型，还是新型行业的兴起，都需要发挥电子商务潜在的市场配置能力。

电子商务将政府、企业以及贸易活动所需的其他环节连接到网络信息系统上，在整个供需链与贸易链中，从原材料采购供应到为消费者服务进行双向的信息交换、传递和应用集成，并以高效快捷的信息交流与直接应用完成全部商务活动，促进各种要素合理流动，消除妨碍公平竞争的制约因素，实现市场对资源的基础性配置作用。

在解除了传统贸易活动中物质、时间空间对交易双方限制的条件下，电子商务帮助企业实现了资源的跨地域传递和信息共享，在传统贸易运行环境下困扰企业的区位劣势和竞争劣势得以克服。

由于信息在互联网中充分、便捷地流动，减少了产品交易的不确定性和市场发展的盲目性，进一步削弱了因不完全信息或信息的不对称而产生的市场垄断行为，消除了暗箱操作和信用危机，整个市场秩序得到优化。

五、经济全球化与电子商务

经济全球化是 21 世纪经济发展的大趋势。随着我国加入世界贸易组织，经济全球化给我国经济未来的发展带来了结构性的冲击和整体性的挑战。由于互联网全球性、便捷性的特点，经济全球化对我国电子商务的影响可能是整个影响中最深远、冲击最剧烈的。信息行业成为人们关注的焦点。按照 WTO（世界贸易组织）的要求，2005 年以后，中国不再对半导体、计算机及计算机产品、电信设备等 IT 产品征收关税，实行国际通行的零关税。这就是说，加入 WTO 后，中国 IT 产业的大门 100% 地向世界打开。由于国内生产硬件的 IT 行业近年来不断调整，在技术、产品、分销网络、售后服务等方面都有大的改进，

已具备与国际 IT 产业发展相适应的竞争能力。但对于软件行业来说，由于国内软件企业与国外差距较大，该行业面临较大的竞争压力，国内本来就比较弱小的软件企业需要尽快改变自己的经营模式。加入 WTO 有利于扩大出口，改善我国的对外经贸环境，但同时也要求我国企业迅速采用电子商务的贸易形式，包括利用 B2B 和 EDI 形式。对于传统企业来说，加入 WTO 后，销售行为发生了明显的变化。具有较强竞争力的中国服装、纺织、机电等商品，不再受“反倾销”之类的干扰，但也失去了“最惠国”的待遇。借助最新网络技术迅速介入全球市场成为出口企业的最佳选择，相当一部分出口额转移到了网络上来。

WTO 将 ICP（互联网内容提供商）的开放作为最优先考虑的行业，具有强大竞争力的国际信息提供商与中国 ICP 展开一场新的文化较量。网上社区在 24 小时内就可以把国外的文化娱乐产品传送到国内，因此，提高国内 ICP 的素质、抵御不良文化渗入的任务也将更加繁重。

国外银行业在网络技术上的领先地位可能更多地对我国银行造成威胁。网络银行将银行的服务站点散布到各个企业和家庭，提供信息查询、货币支付、储蓄、结算和信用卡等多种在线服务，不仅及时方便，而且成本低廉，具有很强的竞争能力。

现代商品配送中心是连锁企业商流、物流、信息流的交汇点，承担着各个商店和用户所需商品的进货、库存、分拣和理货、配货和分发职能，同时负责整个供应链的情报工作。特别是在电子商务条件下，由于所有的信息传递均是在虚拟条件下进行的，商品配送工作的好坏对整个虚拟市场商品的流通将产生重要影响。

【典型案例】——阿里巴巴公司简史

1998 年年底阿里巴巴网站推出，1999 年 3 月团队领袖马云正式回杭州创业。

1999 年 7 月阿里巴巴中国控股有限公司在香港成立；同年 9 月 9 日，阿里巴巴（中国）网络技术有限公司在杭州成立。香港和杭州分别作为阿里巴巴公司总部和中国区总部所在地。

1999 年 10 月由高盛公司牵头，联合美国、亚洲、欧洲一流的基金公司，如 Transpac Capital，Investor A Bof Sweden，Technology Development Fund of Singapore 的参与，阿里巴巴引入 500 万美元风险投资基金。2000 年 1 月，日本互联网投资公司——“软库”注入第二笔投资——入股 2000 万美元。

2001 年 6 月阿里巴巴韩文网站在首尔正式开通。

2001 年 11 月阿里巴巴公司当月冲破收支平衡线，盈利达几万美金。它标志着中国互联网公司冲出了烧钱岁月，向新经纪公司盈利迈开了第一步！

2001 年 12 月阿里巴巴突破注册商人会员 100 万家，成为全球首家超过百万会员的商务网站。

2002 年 2 月日本亚洲投资公司向阿里巴巴投资。

2002 年 3 月阿里巴巴与百万商人会员携手共建诚信的网上商务社区。

2002年10月阿里巴巴正式发布日文网站(http://japan.alibaba.com)，全面进军日本市场，此举成为阿里巴巴构建全球最大的网上贸易市场的重要行动。

2002 年底全面实现盈利，冲破现金盈利 600 万元。

2003 年 5 月提前实现当月每日收入 100 万元人民币目标。

2003 年 7 月 7 日宣布投资淘宝网站。

2004 年 2 月阿里巴巴再获 8200 万美元融资。

2004 年 7 月阿里巴巴对淘宝网追加投资 3.5 亿元。

2005 年 8 月 11 日，阿里巴巴收购雅虎中国，同时获得雅虎 10 亿美元投资，还获得雅虎品牌在中国无限期使用权。

2005 年 10 月，阿里巴巴集团接管中国雅虎。

2006 年 7 月，淘宝大学课程推出，向买家和卖家提供电子商务培训及教育。

2006 年 10 月 30 日，阿里巴巴集团对本地化生活社区平台口碑网的战略投资完成。

2007 年 1 月 9 日，阿里巴巴集团在上海宣布旗下公司阿里软件正式成立。

2007 年 11 月，阿里巴巴网络有限公司在香港联交所主板挂牌上市。同月，阿里巴巴集团成立网络广告平台阿里妈妈。

2008 年 4 月，淘宝网推出专注于服务第三方品牌及零售商的淘宝商城。

2008 年 6 月 4 日，阿里巴巴集团把旗下的中国雅虎与口碑网整合成立雅虎口碑公司。

2008 年 9 月 4 日，阿里巴巴集团宣布旗下淘宝网和阿里妈妈合并发展。同时阿里巴巴集团研发院成立。

2009 年 7 月 22 日，阿里巴巴集团宣布旗下阿里软件公司与原先隶属阿里巴巴集团的阿里研究院正式合并，合并后的公司名称仍为阿里软件。

2009 年 8 月 21 日，阿里巴巴集团宣布将口碑网拆出中国雅虎注入淘宝网。

2009 年 9 月 10 日，阿里巴巴集团庆祝创立十周年，同时成立阿里云计算。同月，阿里巴巴宣布收购中国领先的互联网基础服务供应商中国万网。

2010 年 3 月，阿里巴巴更改其中国交易市场的名称为“1688”。同月，淘宝网推出团购网站聚划算。

2010 年 4 月，阿里巴巴正式推出全球速卖通，让中国出口商直接与全球消费者接触和交易。

2010 年 5 月，阿里巴巴集团宣布会将每年收入的 0.3% 拨作环保基金，以促进全社会关注环境问题并支持保育活动。

2010 年 7 月，阿里巴巴集团推出合伙人制度，以保存其使命、愿景及价值观。2010 年 8 月，阿里巴巴收购两家服务美国小企业的电子商务解决方案供应商 Vendio 及 Auctiva。同月，手机淘宝客户端推出。

2010 年 11 月，阿里巴巴宣布收购国内的一站式出口服务供应商——达通。

2011 年 6 月 16 日，阿里巴巴集团宣布将淘宝网分拆为三家公司，即一淘网、淘宝网、淘宝商城。

2011 年 10 月，聚划算从淘宝网分拆，成为独立平台。

2012 年 1 月 11 日，淘宝商城正式更名为“天猫”。同月，阿里巴巴集团成立阿里巴巴公益基金会并向该会拨款，以支持不同范畴的公益活动。

2012 年 6 月 20 日，阿里巴巴网络有限公司（代码 1688) 在香港联交所退市，市场瞩目的阿里巴巴私有化落幕。

2012 年 7 月 23 日，阿里巴巴集团宣布将调整公司组织架构，从原有的子公司制调整为事业群制，把现有子公司的业务调整为淘宝、一淘、天猫、聚划算、阿里国际业务、阿里小企业业务和阿里云七个事业群。

2012 年 9 月，阿里巴巴集团完成对雅虎初步的股份回购并重组与雅虎的关系。

2013 年 1 月 6 日，阿里巴巴集团宣布旗下的阿里云与万网合并为新的阿里云公司，合并后“万网”品牌将继续保留，成为阿里云旗下域名服务品牌。

2013 年 1 月 10 日，阿里巴巴集团宣布现有业务架构和组织将进行相应调整，成立 25 个事业部，由各事业部总裁（总经理）负责。

2013 年 7 月，阿里巴巴集团发布阿里智能 TV 操作系统。

2013 年 8 月，阿里巴巴集团园区迁往杭州市西溪。

2013 年 9 月，阿里巴巴集团正式推出社交网络手机客户端来往。

2014 年 2 月，作为天猫平台延伸方案的天猫国际正式推出，让国际品牌直接向中国消费者销售产品。

2014 年 6 月，阿里巴巴集团完成收购移动浏览器公司 UC 优视并整合双方业务。同月，阿里巴巴集团开始以阿里电信品牌在中国提供移动虚拟网络运营商服务。同月，阿里巴巴集团完成收购电影及电视节目制作商文化中国传播（现称“阿里巴巴影业集团”）约 60% 股权。

2014 年 7 月，阿里巴巴集团与银泰成立合资企业，在中国发展 O2O 业务。同月，阿里巴巴集团完成对数字地图公司高德的投资。

2014 年 9 月 19 日，阿里巴巴集团于纽约证券交易所正式挂牌上市，股票代码“BABA”。

2014 年 11 月，阿里巴巴集团关联公司蚂蚁金融服务集团（前称“小微金融服务集团”）正式成立。同月，淘宝旅行成为独立平台并更名为“去啊”。

2015 年 1 月 13 日，易传媒集团宣布，阿里巴巴集团将战略投资并控股易传媒。易传媒仍保持独立运营，与阿里巴巴集团旗下营销推广平台阿里妈妈一起，推动数字营销程序化在中国的发展，并逐步实现大数据营销能力的普及化。

2015 年 2 月 1 日，阿里巴巴集团宣布成立十亿港元的香港青年企业家基金，该基金为非营利性质。

2015 年 2 月 9 日，阿里巴巴集团宣布以 5.9 亿美元战略投资魅族科技，未透露具体持股比例。

2015 年 2 月 10 日，阿里巴巴集团宣布与蚂蚁金服集团完成重组，蚂蚁金服为支付宝的母公司。

2015 年 3 月 11 日，阿里巴巴集团宣布旗下全球批发贸易平台和英国创新借贷机构 ezbob 及 iwoca 达成战略合作，协助英国中小企业在向平台上的中国供应商购买货物时，可更方便获得营运资金。

2015 年 4 月 15 日，阿里巴巴集团宣布和香港上市的阿里健康信息技术有限公司达成最终协议。根据协议，阿里巴巴集团将转让天猫在线医药业务的营运权给予阿里健康，以换取阿里健康新发行的股份和可转股债券，阿里健康将成为阿里巴巴集团的子公司。

2015 年 5 月 14 日，阿里巴巴集团宣布，已联手云锋基金对国内主要物流快递企业圆通进行战略投资。

2015 年 6 月 4 日，阿里巴巴集团与上海文广集团（SMG) 联合宣布，将共同把 SMG 旗下的第一财经传媒有限公司打造成新型数字化财经媒体与信息服务集团，阿里将投资 12 亿元人民币参股第一财经，开拓数据服务领域。

2015年6月18日，日本软银集团、阿里巴巴集团及富士康科技集团共同宣布，阿里巴巴、富士康将向软银旗下软银机器人控股公司分别注资 145 亿日元，在完成注资后，阿里巴巴及富士康将分别持有 SBRH20% 股份，软银则将持有 60% 股份。

第二章　大数据时代下电子商务的发展趋势与政策支持

纵观全球主要国家，电子商务正在呈现快速增长趋势，并加速向经济社会各领域渗透。面对电子商务这一新兴领域，各国政府出台了大量的支持政策，采取了多种管理措施，以推动其健康快速发展。由于各国面临的问题和具体国情不同，其政策支持重点、管理方式存在差异，但也存在一些通用规律，值得我国学习与借鉴。

第一节　世界电子商务发展趋势

从世界范围来看，电子商务的发展始于 20 世纪 90 年代，随着信息技术的突破性进展，互联网不断向商业应用渗透。基于互联网、以交易双方为主体、以银行电子支付和结算为手段、以物流为支撑的全新商务模式快速发展。

1996 年 12 月，联合国第 85 次全体会议通过了第 51/162 号决议，颁布了《联合国贸易法委员会电子商业示范法》，规范了电子商务行为，促进了世界电子商务的发展，并为各国电子商务立法提供了范本。美国、新加坡、欧盟等国家先后依此制定了适合本国或地区的电子商务法案。但是，2000 年互联网泡沫的破灭使电子商务发展进入了瓶颈期。

面对电子商务发展的严峻形势，2001 年 5 月，联合国正式批准了电子商务全球化标准（ebXML 标准），它使得任何企业通过交换基于 XML 的信息，可以不受地域限制进行处理，这为全球化的电子商务市场奠定了技术基础，各国政府也相继推出了支持政策。此后，电子商务步入快速发展阶段，在支付方式、诚信体系、物流配送、互联网金融等方面涌现出一系列创新，成为全球经济的重要增长点，呈现出一些新的趋势和特征。

一、电子商务已经深度融入全球经济

电子商务在全球主要国家均呈快速增长势态。2012 年，全球网购人数达 9.036 亿，其中，亚太地区 3.911 亿人，成为全球范围内网购者人数最多的地区。2012 年，世界网络零售交易额达到 1.09 万亿美元，比 2011 年增长了 21.1%。美国、欧盟、日本及韩国的网络零售规模分别为 2244 亿美元、3552 亿美元、1170 亿美元、294 亿美元，比 2011 年增长

16.3%、27.3%、10.3%、14.8%，增幅远高于传统零售业。另外，在欧盟国家中，英国、德国和法国的交易规模位列前三，约占欧盟的60%。2012年，亚洲地区B2C电子商务销售额攀升至3324.6亿美元，增幅高达33%。

从各国电子商务规模来看，2012年美国位居第一，中国位居第二，其次是英国、日本、德国。其中，在美国，规模位居前五的电子商务网站分别为亚马逊、沃尔玛、百思买、塔吉特（Target）和苹果，除了亚马逊，其余四家公司全部为传统零售企业。从人均网络消费额看，2012年，全球人均网购消费额为1243美元，排在世界前五名的国家分别是英国、澳大利亚、挪威、美国和丹麦，人均网络消费额都超过了2000美元，且年增长率都超过5%。各地区电子商务发展很不平衡，2012年，亚太地区虽然网购人数超过北美地区，但是网上购物者人均消费额（850美元）不及北美（2221美元）和西欧国家（1738美元）。

电子商务已成为社会消费的重要渠道，渗透率正在快速提高。根据统计，在欧洲国家中，网上零售占全社会零售额的比重最高的是英国，达到12%，其次是德国、瑞士、丹麦和挪威，占比都在8%~9%，最低的是意大利、俄罗斯，占比在2%以下。

二、新兴市场国家电子商务发展潜力巨大

目前，全球电子商务市场已形成北美、欧洲、亚太地区三足鼎立的格局。但从发展趋势来看，新兴市场国家增速快，发展前景看好。

主要新兴市场国家中，俄罗斯电子商务正处于高速发展的起步阶段。2012年，俄罗斯网上零售额为120亿美元，与意大利、西班牙及巴西相近。2010年、2011年俄罗斯电子商务交易额分别为80亿美元和105亿美元，同比分别增长20%和31%。俄罗斯的网上零售额占全社会零售市场总额的比重仅为2%，年平均增速25%左右，仍有较大提升空间。俄罗斯的网民绝对数量在欧洲国家中排名第一，2012年，俄罗斯的网购人数接近2000万人。俄罗斯的主要电子商务企业规模仍然较小，2012年有24家电子商务公司年营收超过1亿美元，最大的电子商务企业Ozon，2012年的网上净销售额为2.5亿美元。物流仍是制约俄罗斯国内电子商务发展的瓶颈，一些大型电子商务公司不得不自建物流。在支付方式上，货到付款是主要支付手段，信用卡付款并不流行。跨境电子商务交易处于快速增长阶段，但亟须解决清关和物流问题。

印度的电子商务目前处于发展初期，尚未形成影响力大、占市场主导地位的电子商务平台。截至2012年12月，印度共有5000万用户通过个人电脑使用互联网，在电子商务平台上较为活跃的用户群只有200万~300万人。虽然网购用户规模还比较小，但近年来印度电子商务实现了快速增长。根据ComScore咨询公司的统计，2011~2012年，印度电子商务类网站的点击量从2610万增至3750万，同比增长47%；印度电子商务交易额从2009年的25亿美元增至2012年的140亿美元。

三、跨境电子商务方兴未艾

跨境电子商务已成为国际贸易发展的新引擎。据 PayPal 统计，全球主要五大跨境电子商务市场是美国、英国、德国、澳大利亚和巴西。从 2012 年跨境网购消费总额来看，美国（406 亿美元）、英国（127 亿美元）、德国（97 亿美元）分列前三。美国、英国、澳大利亚、巴西、德国、中国等国间的跨境互联网商务规模为 1050 亿美元。PayPal 预计，未来 5 年，巴西跨境网购消费总额将平均每年增长 45%，增幅最快，澳大利亚（21%）及英国（16%）紧随其后。随着移动网络应用的普及，移动跨境网购市场规模的增速将高于整体跨境电子商务市场规模的增速。

四、电子商务带动互联网金融蓬勃发展

近年来，在电子商务的带动下，第三方支付、P2P 网络借贷（个人对个人贷款，Peer to Peer Lending）、众筹等互联网金融服务蓬勃发展。

（一）第三方支付

美国的第三方支付系统 PayPal 是国际上主要的第三方支付系统。电子商务的兴起是 PayPal 高速发展的重要契机，通过与电子商务网站合作，PayPal 已成为重要的网上货款支付方式。2013 年，PayPal 在美国的市场占有率约为 95%，而在跨国交易中超过 90% 的卖家和超过 85% 的买家使用 PayPal。从 PayPal 的发展轨迹来看，电子支付服务业的国际化发展趋势不断增强。

（二）P2P 网络借贷

P2P 网络借贷是指个人与个人间的小额借贷交易。它借助网络平台确立借贷关系，改变了过去以银行等金融机构为中介的融资形式，实质上是金融脱媒，让借贷双方直接进行交易。平台只提供交易的场所，不介入交易过程，出资人自行决定借出金额。为了保证出资人的安全，网络平台提供一系列的交易服务，包括法律手续服务、风险特征信息服务以及借款人违约后的追偿服务等。借款者可自行发布借款信息，包括金额、利息、还款方式和时间等。

发达国家（主要是美国、英国和加拿大）的 P2P 网络借贷，是在传统金融充分发展、信用体系相对完备的情况下，借助互联网发展起来的金融创新，目前仍处于探索和完善阶段。各国对网络借贷有不同的监管办法。美国的 P2P 网络借贷起步较早，Lending Club、Prosper 两家企业占据市场主导地位，占据了 80% 的市场份额。Lending Club、Prosper 分别成立于 2007 年和 2006 年。Prosper 成立在先，但是 2008 年被美国政府勒令停业了一段时间，2009 年恢复营业，2013 年的规模约是 Lending Club 的一半。从 2008 年起，美国认定 P2P 网络借贷为证券发行业务，将其纳入证券监管的范畴，这种监管办法限制了

P2P 网络借贷的发展。美国 P2P 网络借贷平台转向“众筹”，并引入大量的机构投资者。Lending Club 累计完成的交易金额约为 24 亿美元。英国的 Zopa 公司是全球首个 P2P 网络借贷平台，成立于 2005 年 3 月，占据了英国 P2P 网络借贷的大部分市场份额，至 2013 年年底已拥有 50 多万会员，在全球开展业务。英国于 2011 年成立了 P2P 金融协会，对 P2P 网络借贷实施自律管理。英国政府已启动对 P2P 网络借贷的监管立法，准备将 P2P 网络借贷纳入金融市场行为监管局（FCA）的金融监管范畴。英国政府对 P2P 网络借贷进行监管的目的，一方面是规范客户资金存管、信息披露等方面的业务，另一方面是鼓励人们信任 P2P 网络借贷，以促进其发展。

（三）众筹

众筹（crowd funding）是利用互联网平台进行股权投资，致力于支持和激励创新性、创造性和创意性的活动。对风险的判断和项目的预期，是个人投资决策的基础。众筹平台上主要存在两类参与者：一是产品、项目的提供者，二是对梦想或创意的资助者。在众筹的运作模式下，需要资金的个人或团队将项目策划交给众筹平台，经过相关审核后，可以在平台的网站上建立属于自己的页面，用来向公众介绍项目情况。通过众筹方式筹资的规模一般都不大。众筹的规则有三个：一是每个项目必须设定筹资目标和筹资天数。二是在设定天数内，达到目标金额即成功；如果募资额达不到筹资目标，已经募集的资金将自动全部退还给支持者。三是众筹不是捐款，所有支持者一定要设有相应的回报。众筹平台会从募资成功的项目中抽取一定比例的服务费用。

国际上有代表性的众筹平台是 2009 年 4 月在美国成立的 Kick starter 网站。根据 Kickstarter 网站 2012 年财务报表统计，2012 年该网站共融资 3.2 亿美元，平均每分钟便获得 607 美元的网民资金支持，提供资金的网民人数多达 220 万人，共为 1.8 万个项目提供了资金支持。这些项目的内容涉及舞蹈、设计、时装、音乐、电影、视频、食品、游戏等不同主题。投资回报以项目产品为主，如音乐 CD、电影海报、游戏中人物的冠名权、与设计师的见面机会等。对每个项目，第一批投资者多为项目负责人的朋友、粉丝和熟人，投资者还可以通过 Facebook 推荐自己认为不错的项目。Kickstarter 公司抽取募集资金成功项目总集资额的 5% 作为佣金。随着众多项目在平台上融资成功，Kickstarter 逐渐成为全球最大的创意项目融资平台。

众筹作为互联网金融的一种重要创新，因其独特性而备受关注。2012 年 4 月，美国通过 JOBS 法案（Jumpstart Our Business Startups Act，即“促进创业企业融资法”），进一步放松对私募资本市场的管制，允许小企业在众筹融资平台上进行股权融资，不再局限于实物回报，同时，法案也做出了一些保护投资者利益的规定。法案规定，对每一个项目来讲，其融资规模在 12 个月内不能超过 100 万美元，同时也限制了每一个特定投资人的融资规模，不可超过其年收入的 5%。2013 年，美国证券交易委员会通过了关于众筹的监管条例，众筹在美国开始被纳入正式监管范围。

五、智能终端的普及助推移动电子商务兴起

近年来，移动互联网的发展速度远远快于基于计算机的 PC 互联网的发展速度。在移动互联网加快发展的背景下，移动电子商务迅速崛起。根据 IBM（国际商务机器公司）对美国 500 家零售商的调查，2013 年“黑色星期五”当天，通过智能手机和平板电脑访问在线零售网站的消费者比例分别达到了 58% 和 41%，移动支付占整体流量的比重达 24%，移动支付成交额在整体中的占比达 16%。根据 eMarketer 统计，2011 年，美国移动电子商务零售市场规模达到 67 亿美元，同比增长 91.4%。2010 年以来，法国主流网站纷纷开展移动电子商务业务，2012 年，法国移动电子商务市场销售额达到 22 亿欧元，占电子商务市场的比重达到 4.6%。

移动电子商务市场规模的快速增长得益于智能手机的发展。随着智能手机的广泛应用，世界各地的用户开始更多地借助智能手机上网，增强了对移动购物的兴趣。同时，网络零售商为了提高用户购物体验，不断增强移动渠道，如推出移动页面和应用，这些因素刺激了移动电子商务的发展。

第二节　我国电子商务行业的发展特征与发展趋势

近年来，我国电子商务蓬勃发展，市场规模迅速扩大，应用领域不断拓展，对经济社会生活的影响不断增强。电子商务成为提振内需的重要途径，也成为我国新的、重要的经济增长点。

一、我国电子商务行业的发展历程

我国电子商务自 20 世纪 90 年代后半期起步，逐步发展壮大，大致经历了下述三个发展阶段。

第一阶段为起步和探索阶段（1997~2002 年）。1995 年，中国电信开始向社会提供互联网接入服务。1997 年，各种网站的广告和宣传大量出现，电子商务的名词与概念开始在中国传播。这个阶段我国网民数量少，互联网普及率低，网民的网络生活方式还仅仅停留在收发电子邮件和阅读新闻上。一批创业者看到了互联网改变流通模式、消费模式的商机，创办了一批电商企业，如中国化工网、中国制造网、阿里巴巴、美商网、易趣网及 8848 等。因当时我国信息化发展水平仍然较低，电子商务市场并不成熟，电商企业大多举步维艰，部分电商企业在 2000 年之后的互联网泡沫中倒闭，阿里巴巴、当当、携程等电商企业存活了下来。

第二阶段为行业复苏和快速发展阶段（2003~2011 年）。2003 年，阿里巴巴建立淘宝

网并推出“支付宝”。2003~2005年，我国电子商务行业复苏回暖，此后进入快速增长通道，涌现出一大批新兴的电商企业。在此阶段，电子信息与互联网技术日益普及，支付、物流、信用认证等电子商务服务支撑体系日益完善，大批网民接受了网络购物的生活方式，众多中小型企业开始开展B2B电子商务，电子商务交易规模呈现爆发式增长的态势，电子商务商业模式、交易内容和品种、交易形式等不断创新。商务部的统计结果显示：2006年，我国电子商务交易规模跨上万亿元台阶，达到1.5万亿元；2007~2010年增速均超过30%，2011年的交易规模接近6万亿元，成为我国扩大内需战略强有力的推动力。不过，此阶段我国的电子商务还处于粗放发展阶段，价格战是电商企业快速扩张的主要手段，持续的价格战让电商企业一直处于资金紧张的状态，京东商城、当当网等有代表性的电商企业持续亏损，一批盈利模式简单、缺乏可持续发展能力的电商纷纷倒闭。

第三阶段为转型升级阶段（2012年以后）。一方面，我国电子商务交易规模保持高速增长势头，网络消费成为社会零售业的新增长点。2012年11月11日，淘宝天猫创下单日网络交易额191亿元的记录。电商网商的高速发展在社会上引起了热烈反响。另一方面，过快的行业规模扩张、外部环境的急剧变化、行业竞争加剧等原因，使我国电子商务进入了一个大的调整期。电子商务企业扩张速度放缓，注重优化自身的商业模式和盈利模式，摆脱“融资—扩张—亏损—再融资”的恶性循环，一些行业龙头纷纷开始进行结构优化、资源整合和业务深挖。

二、当前我国电子商务行业的总体发展特征

（一）电子商务交易规模持续快速增长

我国网络购物用户规模、电子商务交易额持续快速增长，为规模效应和网络效应的发挥奠定了基础。2013年年底，中国网络购物用户规模达到3.02亿人，较上年增加5987万人，同比增长24.7%。根据工信部公布的数据，2013年我国电子商务交易规模约为10万亿元，同比增长25%。2006~2012年，中国网络零售额年复合增长率为99%，增速大约是美国的8倍，2012年网络零售总额突破了1万亿元，达到1.3万亿元，在社会消费品零售总额中占到6.3%。

在B2B电子商务交易方面，截至2013年年底，我国B2B电子商务交易额达8.2万亿元，同比增长31.2%。在网络零售（包括B2C、C2C与其他电商模式）市场方面，2013年，我国网络零售市场交易规模达18851亿元，同比增长42.8%，占社会消费品零售总额的8.04%。传统企业大规模进入电商行业，在线销售类活动不断增加。

中国网民的购买力进一步增强。2012年，我国网购用户人均年网购消费金额达到5203元，与2011年相比增加1302元，增长25%。其中，56%的用户年网购消费金额超过了1000元；年网购花费2001~5000元和501~1000元的用户分别占22.6%和22.3%，6.8%的用户年网购消费金额在10 000元以上。

（二）网络购物应用呈现迅猛增长的势头

在网民增长速度逐步放缓的背景下，我国网络购物等商务类应用继续保持迅猛增长的势头。根据中国互联网络信息中心发布的《中国互联网络发展状况统计报告》，2013 年，我国网络购物使用率提升至 48.9%；团购用户规模达 1.41 亿人，同比增长 68.9%，团购的使用率为 22.8%，是增长最快的商务类应用。手机端的快速发展推动团购的高速增长，手机团购使用率从 2012 年年底的 4.6% 增长至 2013 年年底的 16.3%。以团购为代表的本地生活服务与手机定位等功能深度契合，2013 年，团购服务在手机端与地图、旅行、生活信息服务等领域的进一步融合，推动了团购向网民群体的快速渗透，整个行业也在不断地向线下生活服务领域纵深发展。此外，网上支付、手机在线支付、旅行预订等应用的网民也保持相对较高的增长率。

网络购物网民增长的驱动力量主要来自以下几个方面：首先，网民数量的持续增长、网民购买力的提升、消费者线上消费习惯的养成，为网络购物奠定了良好的用户基础，成为促进网络购物市场繁荣的重要基础。其次，传统企业纷纷向电子商务转型，投资拓展网络购物的品类和渠道。线上产品的丰富、线上和线下的互动，提升了用户的购买体验。最后，网络促销日趋常态化，激发了消费者的购买欲望。

（三）我国企业电子商务使用率近年来表现平稳

我国企业电子商务使用率近年来表现平稳，在线采购和在线销售的比例均维持在 25% 上下。根据中国互联网络信息中心的调查数据，截至 2013 年 12 月，全国开展在线销售的企业比例为 23.5%。制造业、批发和零售业、信息传输业、计算机服务和软件业的在线采购和在线销售比例远高于其他行业，房地产业、建筑业、交通运输业、服务业电子商务的重点在于网络消息获取和品牌及产品的宣传，采购和销售仍较大程度在线下进行。

中小企业占我国企业数量的 99%。近年来，我国中小企业应用电子商务的概率迅速提高。2013 年年底，国内使用第三方电子商务平台的中小企业用户（包括同一企业在不同平台上注册，但不包括在同一平台上重复注册）已经突破 1900 万。中小企业应用电子商务的模式主要包括：一是自行搭建企业间电子商务（B2B）或企业对个人零售电子商务（B2C）平台，这需要企业进行必要的投入，包括选择域名和空间、购买服务器或者选择虚拟空间等；二是利用第三方电子商务平台。目前，在网络上应用第三方电子商务平台的企业越来越多。

（四）电子商务的应用领域不断拓展和深化

随着电子信息与互联网技术的普及，我国电子商务近年来实现了迅猛发展，在工业、农业、商贸流通、交通运输、金融、旅游和城乡消费等领域的应用不断得到拓展，应用水平不断提高，与实体经济的融合日趋深入，对生产、消费乃至人们的生活都产生了深刻影响。

近年来，我国农村电子商务实现了长足发展，农村电子商务的开店数量快速增加，交易额快速上升。在湖南等 5 个试点省份和沿海经济发达地区，农业电子商务发展较快，全国各个地区的多数农业产业化龙头企业和部分农民合作经济组织都不同程度地开展了电子商务，农业电子商务的平台建设也推进较快，有力地促进了这些地区的农产品销售以及农村消费。农村电子商务应用模式不断创新，涌现出一批淘宝店，一些村庄围绕自身的资源、市场优势，开展特色电子商务应用。江苏沙集镇、浙江省义乌市青岩刘村发展电子商务的模式具有一定的代表性。2011 年，农民网店总数为 131 万家，新增 682 792 家。2012 年，我国农村村镇电子商务交易总额为 209 亿元，交易商品数量达到了 1862 万件。农民收入也因此得到了提升。

我国传统零售企业纷纷进军电子商务，在 2012 年，中国连锁百强企业中有 62 家开展了网络零售业务。其他行业如邮政、旅游、保险等也都在已有的信息化建设基础之上，着力发展电子商务业务。

电子商务发展早期，人们认为，电子商务的交易对象应主要是小额标准商品，然而，目前电子商务的交易对象已经超过当初预计，网络购物并不局限于 3C 产品、图书等标准化品类，已扩展到了服装鞋帽、化妆品、纺织化纤、农林畜牧、数码家电、机械设备、化工塑料、食品糖酒、建筑建材、五金工具、医疗医药、文体用品、珠宝配饰、生鲜餐饮等品类，线上零售与线下零售的差异逐渐缩小，许多家庭的生活服务、政务服务都在线上购买。

三、我国电子商务行业的发展趋势

我国电子商务发展空间大，今后仍将保持快速增长态势，在促进发展方式转变、扩大内需、增加就业等方面将发挥越来越重要的作用。

（一）电子商务将继续保持较高的增长速度

2013 年以来，在全国零售业增速放缓的形势下，包括网络零售在内的电子商务保持了快速增长的态势，电子商务的应用领域不断拓展和深化。中国电子商务的高速增长，一方面来源于中国企业用户和消费者对于互联网和网上购物的接受程度逐步提高，传统企业大规模进入电商行业，在线销售类活动不断增加。除了从传统市场销售渠道转移过来的消费需求之外，还开拓了新的市场空间。另一方面来源于电子商务发展环境的优化。“十二五”以来，我国电子商务相关的法律法规、政策、基础设施建设、技术标准以及网络等环境和条件逐步得到改善。随着国家监管体系的日益健全、政策支持力度的不断加大、电商企业及消费者的日趋成熟，我国电子商务将迎来更好的发展环境。预计 2020 年，中国网络零售市场交易规模将达到 8 万亿元左右（2013 年为 1.85 万亿元）。

（二）产业融合成为电子商务发展的新方向

随着电子商务迅猛发展，越来越多的传统产业涉足电子商务。例如，农业应用电子商务探索农产品信息追溯；制造业开展供应链信息化提升；线上营销、线下成交或线下体验、线上购买的商业模式更是推动了传统商业与电子商务的融合发展。随着一批龙头电子商务平台企业做大做强做长，电子商务深度融合商流、物流、资金流和人流，有效地把商业渠道、物流渠道以及信息渠道进行捆绑，电子商务服务业能否健康有序发展成为决定电子商务成败的关键所在。在今后的发展过程中，线上与线下将实现进一步融合，各个产业将通过电子商务实现有形市场与无形市场的有效对接，企业将逐步实现线上、线下复合业态经营。

（三）移动电子商务等新兴业态的发展将提速

我国电子商务行业积极开展技术创新、商业模式创新、产品和服务内容创新，移动电商、社交电商、微信电商成为电子商务发展的新兴重要领域，将进入加快发展期。

近年来，移动互联网成为网民获取和处理信息的新渠道，移动互联网的普及为移动电子商务的发展奠定了基础。根据工信部的统计数据，截至 2014 年 1 月底，我国移动互联网用户总数已突破 8 亿大关，达到 8.38 亿户，移动互联网接入量达到 1.33 亿 GB，比 2013 年增长 46.9%。2013 年 12 月，工信部向中国联通、中国电信、中国移动正式发放了第四代移动通信业务牌照，我国以手机网民为主的移动网民规模将继续快速增长。随着 4G 技术的推广应用，移动电商将成为电商企业角逐的新战场，并为传统企业提供跨越式发展的新机遇。

近年来，国内通过移动互联网进行交易的用户数量快速增长，移动购物逐渐成为网民购物首选方式之一，电子商务交易企业纷纷向移动电子商务转型，淘宝网、京东商城、当当网、凡客诚品等企业推出了手机客户端和手机网站，注重优化用户体验，加大移动端促销的力度。根据《中国互联网络发展状况统计报告》，2013 年我国手机在线支付快速增长，用户规模达到 1.25 亿人，使用率提升至 25.1%。艾瑞咨询的统计数据显示，2013 年，我国移动网购整体交易规模达到 1676.4 亿元，同比增长 165.4%；手机淘宝占移动网购的市场份额为 76.1%，京东商城的市场份额为 5.2%，腾讯的市场份额为 1.5%，三家企业占比总和为 82.8%，继续领跑移动网购市场。淘宝网数据显示，2013 年“双 11”活动中，淘宝移动客户端成交额为 53.5 亿元，是 2012 年成交额的 5.6 倍；共成交 3590 万笔，占淘宝网整体成交量的 21%。

近年来，电子商务的营销应用不断创新，新的模式不断涌现，出现了 O2O（Online To Offline）模式，即线下商务与互联网之间进行整合。也就是说，互联网渠道不是和线下隔离的销售渠道，而是一个可以和线下无缝链接并能促进线下发展的渠道。O2O 模式是一个“闭环”，电商可以全程跟踪用户的每一笔交易和满意程度，即时分析数据，快速调整营销策略。美国线下零售商自前几年由“单渠道”转型为“多渠道”后，现在又开始积极采取“全渠道”战略，更加重视以 O2O 思维促进线上和线下的相互融合。典型的做法有沃尔玛利用互联网收集订单，通过物流配送到离消费者最近的门店，之后消费者在门店提货的 Site to Store 模式；也有 Nordstrom（诺德斯特龙）尝试让线下更多承担体验功能、引导消费者在网上下单的 Store to Site 模式。此外，部分线下零售商还和 eBay 建立联盟以抗衡亚马逊，eBay 通过旗下的本地购物搜索 Milo，把线下零售商的库存上传至 eBay 在线市场，然后通过 eBay Now 快速配送给本地消费者。而移动互联网时代的来临，诸如 Foursquare、Shopkick 等能为线下带流量的应用也给了传统零售商更多可用的选择。

线上线下整合将推动我国电商进入发展的新阶段。南京中商已正式上线自建 B2C 平台“云中央”，正式全面进军电商领域。微信在 2013 年 9 月正式启动面向实体零售业态的 O2O 项目，天虹商场成为全国范围内第一家与微信达成战略合作的百货企业。苏宁云商的推出代表着传统零售商的蜕变，从实体向线上线下转型，全面转变为互联网零售企业，未来线上主要功能是引流、下单和支付，线下门店将主要承载服务和体验功能。中国电子商务研究中心监测显示，2012 年我国 O2O 市场规模已达到 1005 亿元，2013 年突破了 2000 亿元。

此外还有 M2C 模式，即从工厂直达消费者的电子商务等创新模式的应用；C2B 模式（消费者对企业），即从消费者开始进行产品的设计制造，将商品的主导权交给消费者，实现个性化定制和消费者主权。今后，这些营销应用模式将进入快速推广阶段。越来越多的传统行业将试水电子商务，包括服装鞋帽、纺织化纤、数码家电、农林畜牧、食品、建材、五金、机械等领域。传统商业企业有着良好的信誉及售后服务，线下渠道管理经验成熟，将线上线下相结合，可以完善传统零售连锁企业的渠道整合，弥补渠道布局与区域覆盖空白，适应新形势下市场竞争的要求。

第三节　各国政府支持电子商务发展的政策

发展电子商务涉及互联网、金融、物流、社会诚信体系等多个方面，是一个系统工程。在电子商务发展过程中，各国政府发挥了引导和助推的作用。各国政府支持电子商务发展的政策可归纳为以下十个方面。

一、加强电子商务基础设施建设

互联网是电子商务最重要的基础设施，发达国家一直致力于网络基础设施建设，推动实现更加快捷方便的传输信息。发达国家普遍将宽带建设纳入国家战略，将信息基础设施放在经济长期增长的总体战略布局中考虑。

2000 年，欧盟委员会提出建设“欧洲网络指导框架”设想，投资建设信息基础设施和联通全球的网络。2010 年，欧盟发布《欧洲 2020 战略》，将信息技术产业和应用作为欧洲 2020 年发展战略最重要的 7 个计划之一。欧盟在 2012 年 12 月评估“欧洲数字议程”后，提出宽带网络是数字经济的基础，将扩大宽带服务作为 ICT 领域今后最优先的工作。2013 年，欧盟在《电子商务行动计划执行进展报告》中提出，要加快技术发展一体化进程，包括出台云计算战略、颁布无线电频率共享通信文件以及出台宽带国家补贴指导方针等。

日本政府注重加强网络基础设施建设，2001 年出台了“全国宽带构想计划”，要求到 2005 年在日本全国范围内建成可覆盖 3000 万用户的高速互联网（包括 DSL、CATV 无线网络）和可覆盖 1000 万用户的超高速互联网（以光纤网络为主）。日本政府在 2009 年公布的《增长战略》中将“实现世界最高水平的 IT 社会”与改革、创新等并列为重振日本产业的 6 项计划之一。

韩国电子商务的基础设施是国际公认的世界级水平，宽带普及率全球领先。韩国政府于 2000 年颁布了《数字内容管理条例》，主要内容是确保国家信息产业的基础设施，使政府与企业能系统地使用所管理的信息知识资源。2001 年，韩国政府制定了《保护主要信息基础设施条例》，目的是保护国家主要信息通信设施免受黑客、病毒的攻击。韩国政府还实行了一些财税措施激励私人企业应用电子商务。

俄罗斯政府于 2002 年颁布了《2002—2010 年信息化建设目标纲要》，主要目的是适应世界信息技术发展的趋势，促进俄罗斯电子通信、电子政务、电子商务的发展。根据《2011—2020 年俄罗斯信息发展纲要》，俄罗斯政府将每年拨款 1231 亿卢布支持相关项目建设。

2013 年 3 月，巴西政府公布了为推进国家宽带计划（REPN-BL）而制定了特别税收制度，该制度规定，巴西企业在 2016 年年底前购买相应产品和服务将获得总额达 60 亿巴西雷亚尔（约 28 亿美元）的税收减免。

二、降低电子商务企业的市场准入门槛

美国电子商务领域的市场准入门槛很低。美国《全球电子商务政策框架》提出：私营企业应在电子商务领域起主导作用。虽然政府在资助互联网早期发展方面发挥了作用，但是互联网和电子商务的扩展主要由私营企业推动。为了推动电子商务发展，美国政府尽量避免对电子商务加以不必要的限制、增加烦琐的手续或增加新的税收和资费。与此同时，美国政府不断加强对电子商务的事中和事后监管，主要作用是支持建立可预期的、简单一致的商业环境。为了鼓励电子商务发展，美国政府出台了统一商务法律框架（Uniform Commercial Legal Framework）。目前，美国各州已采纳了“统一商务法律框架”。此外，为了使私营企业能适当发挥各自的作用，美国政府鼓励制定相互协调的电子商务规则。

三、给予税收优惠，扶持电子商务发展

对电子商务是否要征税、如何征税，目前有两种观点，即免税派和主税派。

美国作为电子商务发展的先行者，主张政府应尽可能少征税，这促进了美国互联网及电子商务的发展。美国政府提出，任何电子商务相关税务应当遵循下列原则：不应改变或妨碍商务，税务制度应当简单而透明，涵盖绝大多数合法的收入；税务制度应能兼容美国

和其他国际伙伴采用的税务制度等。实现这些原则，需要考虑到互联网的特定条件，包括买卖双方可能均为匿名、多笔小额交易的能力、在线活动很难与物理上特定的位置相联系等。

美国联邦政府于 1998 年通过了《互联网免税法案》，禁止各州和地方政府对互联网接入服务征税,也不允许在现行税收的基础上增加新的税种。《互联网免税法案》在2001年、2004 年、2007 年分别延长了三次。《互联网免税法案》规定了一定时期的免税期，在电子商务的发展初期给予政策优惠，待条件成熟后再考虑征税，从而使得税收政策具有一定的弹性。当然，暂时免税不等同于永远免税。2013 年 5 月，美国参议院通过了《市场公平法案》，该法案规定，当企业通过互联网、邮购、电话和电视等渠道出售产品时，必须缴纳销售税，这是美国第一个全国性互联网消费税提案，它允许美国各州政府对电商跨区交易进行征税。美国参议院还允许各州向在线零售商和消费者征收互联网销售税，这对于美国电子商务发展将造成不利冲击。

以欧盟为代表的征税派则认为，税收系统应具备法律确定性，电子商务不应承担额外税收，但也不应免除现有税收。欧盟对电子商务采取“清晰和中性的税收环境”基本原则。2003 年，欧盟关于电子商务增值税法令的解释性文件正式生效，规定只对年销售额在 10 万欧元以上的非成员国公司征税；非成员国公司只需在单个欧盟成员国登记即可，按登记国或国籍国的增值税税率缴税。2008 年 2 月，欧盟通过了增值税改革法案，它规定对电子商务的课税权由内容提供商注册地转为服务实际消费的国家。为了协调欧盟内部不同国家的税收利益，内容提供商注册地对转交给服务实际消费国的增值税仍有权提留一定的比例，2015 年 1 月 1 日至 2016 年 12 月 31 日该比例为 30%，此后每年递减 15%，直至 2019 年 1 月 1 日完全取消。

英国于 2002 年通过的《电子商务法》明确规定，所有在线销售商品都需缴纳增值税，税率与实体经营店一致，实行“无差别”征收，税率分为三等：标准税率（17.5%）、优惠税率（5%）和零税率（0）。

俄罗斯海关对每个国外网店所寄包裹征收 10% 的关税，目前初步决定由买方支付，即俄罗斯的消费者从国外的网店购买商品需要额外支付 10% 的关税。

四、完善网络交易标准体系

加强标准体系是电子商务规范发展的前提。美国《全球电子商务政策框架》认为，应由市场而不是由政府来决定技术标准。技术高速发展，政府无法及时制定管理互联网的技术标准，只会阻碍创新，而且过早地标准化会把用户锁定在过时的技术上。标准也可能被用作阻碍开展贸易的非关税壁垒，排挤非本国企业的商业活动。为了促进电子商务发展，美国政府积极推动在电子支付、安全性（保密、身份认证等）、安全服务基础结构、电子版权管理系统、电视会议和数据会议、高速网络技术等领域制定标准。

欧盟国家对电子商务经营者及商品信息进行严格的标准监控。经营者必须事先向消费者说明商品或服务的名称、种类、数量、质量、价格、运费、配送方式、支付形式、退换货方式等，这些信息都有严格的标准。欧盟国家政府对于经营者提供的电子格式合同条款进行严格的审查，形成标准化的电子商务购物凭证和服务单据，同时，加大对网上虚假信息、虚假广告和欺诈等违法行为和侵权行为的惩治力度。

韩国政府通过支持电子商务标准研究机构推动电子商务标准的实施。韩国政府支持的主要电子商务标准研究机构包括 Korea Institute for Electronic Commerce（KIEC）、Electronic Commerce Integrated Forum（ECIF）等。

五、建立网络诚信认证体系

建立并维护诚信体系是各国政府促进电子商务发展的重要政策。发达国家通过完善电子签名制度，实现交易、支付和税收信息共享，规范了网络交易的行为准则，建立了电子商务诚信体系和信用披露制度。美国国会于 1999 年 11 月 29 日通过了《反域名抢注消费者保护法》，随后又颁布了《计算机安全法》《使用电子媒介作传递用途的声明》《全球及全国商务电子签名法案》等。根据美国《全球电子签名法与国内贸易法案》，电子签名具有普遍的法律效力，但不强制要求使用或接受电子签名。发达国家已形成较为完善的社会诚信体系，这是发达国家发展电子商务的先天优势。

日本政府大力推动电子签名及其认证系统发展。1999 年 11 月，日本邮政省、通产省、法务省联合草拟和公布了题为《与电子签名和认证有关的法律条款——促进电子商务并为基于网络的社会和经济活动奠定基础》的政策文件。该文件指出，日本需要制定新的法律规则使电子签名与传统的签名一样能够保证交易的安全，进而使公众对电子商务及其他基于网络的社会和经济活动建立信心。电子签名的立法应当考虑到互联网的国际性质，注意与美国及欧盟的相应立法相协调，使日本公司提供的电子签名认证服务能够打入外国市场，外国公司提供的服务也能在日本得到承认。立法的要点包括：明确电子签名的法律地位；保障电子签名所使用技术的中立性和认证组织活动的自由；保障用户选择认证服务的自由；保护个人隐私；保护公司及其他组织数据的安全；保持与国际通行做法相一致等。

韩国 1999 年制定了《电子签名法》，提供了电子签名的基本规则，目的是确保电子信息的安全可靠性，它规定了公共认证权威机构、认证服务的安全性、电子签名认证的政策制定等。2001 年，韩国颁布了《关于建立信息系统安全与保护个人信息隐私的条例》，这是韩国关于信息通信网络建设的代表法，主要内容是对网络系统安全的保护、对互联网地址资源的保护、对数字信息使用的保护、个人信息与隐私保护等。

六、制定网络支付相关法规，建立适应电子商务的支付体系

保证网络交易资金的安全、防范金融风险，是电子商务发展的重要保障。欧盟在电子商务立法中特别重视规范电子支付，制定了大量保护信息和隐私安全的法律法规，相关政

策法规包括欧盟的第 1997/489/EC 号《电子支付建议》、第 1999/93/EC 号《电子签名规则》、第 2002/58/EC 号《电子通信行业个人数据处理与个人隐私保护指令》、第 2000/46/EC 号和第 2009/110/EC 号《电子货币指令》等，它们对电子货币的发行、使用以及电子货币或资金被冒用等问题进行了规范，如要求电子货币机构最低限额的初始资本为 35 万欧元等。

英国通过了一系列互联网支付相关法规，包括 1998 年的《信息保护法案》、2003 年的《隐私和电子通信法案》等，它们对普通个人信息和敏感信息的定义、被窃取或冒用的情形、信息搜集的要求等方面做了详细规定，针对网络上的垃圾信息和邮件也从法律层面上予以了强有力的约束。

2011 年，俄罗斯出台了《国家支付系统法》，明确了支付系统的概念，规定了对电子货币汇兑业务的要求，包括对电子货币运营商、货币支付和接收系统运营商，以及电子货币支付基础设施服务商（业务中心、清算和结算中心）的行为进行监管，俄罗斯中央银行为业务主管部门。

亚洲国家中，韩国制定了《电子金融交易法》，以支持电子金融交易，为健全电子金融交易奠定了基础，并便利了电子金融交易。该法规定了电子支付的有效时间、电子货币的可转移性、电子金融交易的安全保证、用户保护、非金融机构提供电子金融服务的条件等。2010 年，新加坡修正了《电子交易法》，内容主要包括电子记录、签名和合同、安全电子记录和签名、指定安全程序规范和指定安全程序提供者规则、公共机构使用电子记录和签名等。

七、完善物流基础设施，建设线下支撑体系

物流是发展电子商务的重要支撑体系，发达国家不断加强对流通领域的投资，通过快捷的交通体系，抵消了高人力成本的劣势，整体物流成本保持在较低水平。欧洲各国普遍鼓励大型物流企业建设现代化的物流中心，目的是统筹全国市场流通体系，提高物流效率。

德国物流企业非常重视物流中心建设：一是注重选址和功能，物流中心要位于交通枢纽地带，紧临港口，靠近铁路编组站，周围有高速公路网，至少有两种以上的运输方式，特别是公路和铁路与物流中心相连。二是该区域内有许多大型的工业和商业企业，工商企业是物流中心生存的基础。三是附近有从事运输、仓储的物流企业，特别是国际著名的大型物流企业，还要求附近有银行、保险等机构。四是远离闹市区，面积至少在 100 公顷以上，周围要有拓展空间，为以后的发展留有余地。五是经济合理性，包括运输方式的选择利用，环境保护与生态平衡等。此外，2013 年，欧盟委员会公布的《电子商务行动计划执行进展报告》还提出，要通过启动公众咨询改善包裹递送服务。

作为全球物流最发达的国家之一，美国的物流体系相当健全，与物流相关的标准约有 1200 余条，涉及物流的运输、供应链、配送、仓储、EDI 和进出口等各方面。美国积极参加 ISO/TC104、ISO/TC122、ISO/TC154、ISO/TC204 等委员会，实现国内物流标准与国际

接轨。美国参与制定的北大西洋公约组织物流标准包括物流结构、基本词汇、定义、物流技术规范、海上多国部队物流、物流信息识别系统等。美国国防部建立了军用和民用物流的数据记录、信息管理等方面的标准规范，统一的物流标准、物流设备和物流管理软件使得在物流运作过程中，不同的物流相关方能够实现无缝对接进而提高物流效率。

自 1997 年开始，日本政府持续修订物流发展纲领性文件——《综合物流施策大纲》，及时解决发展中存在的突出问题。通过每四年一次的修订，日本物流活动变得更加顺畅、有序，效率不断提高，日本物流体现了安全、快速、便利、绿色的服务标准。日本政府对土地利用率非常重视。由于物流园区布局具有社会公共基础设施的属性，同时又要充分发挥市场经济运作的优势，日本政府将全国大型物流园区的总体规划交给了日本通产省、运输省、农林水产省、建设省和经济企划厅等 5 个部门。

韩国政府于 1997 年制定了《流通产业发展规划》，将其作为国家物流产业的基本规划，并根据国情需要对其修订了 7 次。该规划有力地推动了韩国物流产业的发展。

八、探索通关便利，鼓励跨境电子商务发展

发达国家和地区在支持跨境电子商务方面进行了很多探索。欧洲经济区支持委员会（EEA）提倡建立“一站式”的行政服务或“单一窗口”，协调处理海关相关手续。顺应无纸化的过程，欧盟大力推动电子数据交换（EDI），强化运营商和海关之间的联系，简化通关手续，实现实时数据传输。

美国《全球电子商务政策框架》提出，对在互联网上交易的货物和服务设置税收等障碍是无意义的，而且网上商务活动缺乏明确的、固定的地理路线，征税难度会比较大。它提议，将互联网作为免税区，降低贸易壁垒。此外，美国政府认为，电子商务应遵循国际税务的基本原则，避免不一致的国家司法权和双重征税。

中国香港自 2010 年开始试验运作《香港认可经济营运商计划》，香港本地公司如果已经符合该计划认定的安全标准，均可自愿参加由海关牵头的安全认证，进入海关安全认证的企业名单，从而享受优先接受清关、减少海关查验等通关便利，相当于把出口货物通关检查工作提到日常运营管理工作中，减少货物在海关现场的通关积压。

九、加大网络购物消费者的保护力度

消费者在网络交易中普遍处于弱势地位。为了保护电子商务交易的消费者，各国都制定了专门的消费者保护政策。欧盟通过将电子商务纳入原有消费者保护法律框架或制定新的专门法律来保护消费者权益。这主要包括 1987 年的《消费者保护法》、欧盟 SI 2000/2334 的《远程销售规则》、2008 年的《不公平交易条例》等。《消费者保护法》一方面规定了产品责任，要求生产和销售商必须保证产品的安全，并提醒消费者产品中存在的或隐含的危害和风险；另一方面规定了消费者权益受到侵害时如何进行赔偿。上述法律

有效遏制了非公平操作、误导性行为、材料信息省略、过激商业行为和非法推销等违法行为。2013 年 4 月，欧盟委员会公布了《电子商务行动计划执行进展报告》，提出要制定消费者议程，通过行政合作和更好地执行欧盟法律，加强消费者保护。

英国电子商务的消费者争端解决机制主要有四种：一是与经营者协商，二是找消费者组织或者公共机构投诉，三是仲裁，四是诉讼。最常见的途径是与经营者协商，这种途径解决消费纠纷的效率最高。其次是到法庭进行诉讼，这是作为法治社会的重要解决途径。此外，通过仲裁，消费者可以得到小额赔偿，而且仲裁后仍然可以到法庭提起诉讼。但是，在第二种解决途径中，英国的消费者组织和公平交易办公室一般都不直接处理单个的消费纠纷或者消费者投诉，而是基于大量集中的消费者反映的问题，开展对特定经营者的调查，或者提出修订或立法的议程建议。此外，英国积极创新消费者组织的维权模式，英国政府开展了诸如“网站公平比价”“隐私保护”等消费者保护项目，开展“消费者赋权”活动，同时，社会上存在很多第三方组织，例如，维权组织“WHICH”出版专门为消费者提供参考的杂志，为消费者提供交易信息。

法国大力加强对电子商务消费者提供信息的监管，要求提供撤回权和货物不符合合同的法律保障，政府具有对过失网站进行罚款、立即停止非法执业的惩办权力。法国政府与法国远程销售商联合会合作，为消费者共同编制“电子商务导购指南”，以指导消费者到有标签的网站进行购物。

韩国在 2002 年制定了《韩国电子商务消费者权益保护法》，2005 年成立了网络商品交易经营者行业协会，规范网络经营行为。

韩国建立了知识产权权利人举报系统，一旦被举报，将永久性地禁止该商品经营者在网络上的销售经营行为。韩国制定了《电子商务用户保护法》，以保证电子商务下贸易的公平性；2003 年，韩国政府进一步颁布了《电子商务用户保护指南》，通过规定和例示相关法律法规，保护用户的基本权利和利益，并促使交易双方自觉自愿地去遵守电子贸易和直接贸易的规章。

十、加强电子商务人才培养和技术创新

电子商务是技术创新与商业模式创新相结合的产物，人才是促进电子商务持续发展的关键。韩国政府于 2000 年制定了“电子商务人力资源发展计划”并实施了多个项目，包括：建立和运作电子商务人力资源发展中心；制定金卡计划以吸引海外电子商务人才；引进电子商务管理人员认证项目；对私营培训机构的电子商务培训课程进行认证；建立电子商务成功案例库等。2003 年，韩国政府确定了电子商务技术蓝图和电子商务技术中长期发展计划，重点支持面向未来的技术和核心战略领域，确保在世界市场中的竞争力。韩国积极建立系统性的电子商务技术发展支持体系，涵盖了企业、大学和研究机构等。

2001 年，日本确定了“IT 基本战略”，成立了由首相担任部长的“IT 战略本部”以及由索尼公司会长担任议长的“IT 战略会议”，制定了四大重点政策领域，其中的关键一

项就是加强人才培养，尤其是电子商务等 IT 关键领域人才，提出要吸收约 3 万名优秀的外国技术人员。随着人口老龄化的不断加剧，日本 IT 技术人员的素质以及人员数量都不足，合理利用国外的资源就成为日本电子商务和 IT 业界的共识。近年来，中国已取代印度成为日本最大的软件和互联网人才输送基地。

第四节　各国政府对电子商务创新的管理

与我国不同，发达国家电子商务的发展植根于其良好的市场经济环境。例如，发达国家有良好的社会诚信体系，假冒伪劣等困扰我国电子商务发展的问题，在发达国家并不严重。发达国家有较为完善的金融体系，金融管制少，资金流动性高，所以不会出现公众储蓄从银行到互联网金融机构的“大搬家”，而且当金融活动从传统的线下渠道转移到互联网上时，相应的监管能够及时跟进。美国的税制以个人所得税等直接税为主，是否对电子商务征收销售税主要由美国各州自行决定，美国联邦政府对此干预很少。从国外政府对电子商务创新的管理可以看出，它们更多的是制定发展战略，建立电子商务发展的基础性制度并维护良好的产业发展外部环境。

一、理顺电子商务监管体制

电子商务涉及多个政府职能部门，如何理顺监管体制，是各国面临的普遍性问题。由于电子商务发展时间尚短，美国政府目前未明确由哪一个政府部门或机构主管电子商务。美国联邦政府赋予联邦贸易委员会、司法部、联邦调查局等部门监管权。全国性问题由美国联邦政府管理，地方性问题通过司法程序解决。与证券有关的电子商务问题由证券委员会管理，与证券无关的网络欺诈由联邦调查局管理。此外，由白宫高科技委员会支持电子网络科技发展，引导行业出资成立调查公司，对每个公司经营信誉进行评估；联邦贸易委员会运用实体市场的法律对有网上欺诈行为的公司进行查处。

在消费者权益保护方面，美国有较为完善的制度，主要的依据是《美国统一商法典》。如果发生网络交易纠纷，按照美国现行法律可马上退货，或寻求地方商务仲裁委员会仲裁、消费者委员会及法院解决。在行业自律管理方面，美国的电子商务管理很多由非官方的行业协会承担，行业协会是由政府鼓励支持、由企业出资设立的非营利性机构，负责行业管理和协调工作，在协助政府进行行业管理方面发挥着重要作用。

欧盟采用了消费者属地维权机制，以解决电子商务远距离交易导致的跨区争端。欧盟制定的大多数电子商务政策的根本出发点在于保护消费者权益，合同条款要有利于消费者、选择消费者成本较低的所在国法庭起诉、选择更有利于消费者的法律诉讼等。所以，欧盟国家普遍建立了跨区域消费维权协作机制，为消费者的属地方便快捷地解决网络交易消费纠纷创造有利条件。欧盟国家的消费者组织和公共机构一般不直接处理单个消费者申诉或者消费纠纷，而是集中处理共性的、影响面宽、意义重大的消费问题，解决消费纠纷的重心从单一消费者具体消费纠纷逐渐向群体性、全局性消费纠纷转移，提高了行政效率。

英国监管电子商务的主要机构包括公平交易办公室、商业创新与技能部、交易标准办公室等，这些公共机构都具有一定的权限对电子商务进行监管。其中，对电子商务监管最主要的机构是公平交易办公室（Office of Fair Trading），它与我国工商行政管理部门在网络交易监管方面的职能较为接近。公平交易办公室是议会通过立法设立的独立机构，机构运转资金来源于政府预算，职能主要包括管理竞争和保护消费者权益，尤其是反垄断和反不正当竞争，在消费者保护领域的职能主要是监管合同条款、商业惯例、消费信贷等。

英国公平交易办公室对电子商务的监管与执法较为严格。第一，经营者要向公平交易办公室提出诚信经营的保证，公平交易办公室有权查看经营者是否做到了这些保证，进行必要的处理甚至处罚。第二，公平交易办公室可以禁止问题经营者在一定期限内开展经营活动，也可以责令企业进行整改，问题严重时公平交易办公室可以提起诉讼。第三，公平交易办公室担任了“网管”职能，有权查看和监控一些网页或信息，发现问题可以立刻勒令经营者停止侵权或者经营，但该举措仅限于对商业行为的监管。

新加坡政府对电子商务的管理主要由新加坡资讯通信发展管理局、检察总署、新闻通迅及艺术部等部门开展。自 2010 年起，新加坡对认证机构实施自愿许可制，改变了之前的强制许可制。在强制许可制下，所有认证机构均应向主管机关申请许可后，才能对外签发认证证书。在自愿许可制下，认证机构有更大的自主权，即原则上认证机构对外签发认证证书无须主管机关许可，认证机构如果希望所签发的认证证书具备特定的法律效果，才需要经过许可。

二、制定明确的电子商务发展战略

为了促进信息技术应用，1997 年，美国联邦政府制定了促进电子商务发展的“全球电子商务框架”，确立了联邦政府政策的基本框架，对于美国乃至世界各国电子商务的发展产生了积极影响。2012 年，美国政府提出了打造数字政府的战略，包含三个目标：让政务信息遍及美国公众；政府采用更加便捷高效的方式传递政务信息；放开政府数据管制使民众充分利用数据，目的是进一步推进政务创新。

为实现“数字化日本”的目标，日本政府于2000年6月推出了“数字化日本行动纲领”，它提出了三方面的战略：一是与网络基础设施有关的政策，主要建议是要彻底地适用市场竞争的原则，促进接入网络的多元化，促进上网资费的下调，推动带宽服务的发展。二是着重发展日本在世界上领先的技术，抢占技术标准，建议日本加大在移动通信、图像网络等具有巨大潜力的技术领域的投资，在与美国既合作又竞争的双重原则之下占领技术标准。三是建立高度可依赖的电子商务平台，对电子商务的发展趋势、构筑电子认证系统、明确网络服务提供者的责任、推进跨国界电子商务以及网络域名等问题进行了详尽的分析和论述。

韩国2001年提出了“韩国电子贸易动议”，促进电子商务的普及，使之成为长期促进电子贸易的战略，目的是实现“使韩国在数字化时代通过电子商务成为一个传统工业和新兴工业平衡发展的发达工业国家”的愿景。为了促进韩国向数字化经济转型，韩国政府于1999年制定了《电子商务框架法》，内容涉及电子传输、电子文档的意图说明、事实通知、公共存储等基础性技术问题，为韩国电子商务的发展奠定了制度基础。

俄罗斯积极制定电子商务发展战略，《2001—2006年俄罗斯联邦电子商务发展目标纲要》确定，俄罗斯发展电子商务的首要任务是形成基于信息通信技术的商务活动的法律基础，制定和推行对电子商务的国家扶持政策，率先开展以B2C、B2B为主的电子商务试点，开发具有示范作用的电子商务系统，建立地区电子商务中心及教学和咨询中心，加大政府电子采购力度等。2008年2月，俄罗斯政府公布了《俄罗斯信息社会发展战略》，部署了俄罗斯至2015年信息社会建设的任务、措施和目标。

三、营造良好的法律和制度环境

实现电子商务的健康发展，关键在于形成相对完善的法制环境，规范电子商务交易，提高可靠性和安全性。从全球范围来看，制定电子商务法可供选择的模式主要有两种：一种是制定电子商务基本法，另一种是制定单行法。目前，世界上大多数国家制定了综合性电子商务法，综合性立法已成为世界各国电子商务立法的主要模式，它注重构建统一的电子商务法律体系，并保持法律体系的连贯性和统一性，更适合于电子商务实践。

欧盟已形成了良好的电子商务法制环境，其主要特点：一是强化电子认证服务的市场准入和电子认证服务管理的国际协调作用，基本上确保国际认证服务互认；二是强调了数据保护或隐私权保护，对促进和稳定电子商务发展发挥了重要作用；三是对合格证书、签发合格证书的认证服务提供人、可靠签名生成设备提出了具体要求，全面细致地规范了认证服务的关键环节。

韩国政府于1999年颁布了《电子商务框架条例》，主旨是通过法律保证电子交易的安全与可靠性，建立便利电子交易的框架，它规定了电子邮件和电子商务的安全、电子商务用户保护、电子商务政策制定系统、电子商务促进措施和电子商务仲裁委员会的作用等。

俄罗斯2001年出台了《俄联邦电子商务法》，明确了电子商务领域的相关法律关系以及电子商务中电子信息通信的使用规则，规定了电子商务交易主体的权利和义务，订立电子合同的规则，并确认了电子文件的法律凭证。2006年，俄罗斯更新修订了信息基本法——《信息、信息化和信息保护法》，它是以信息为对象的专门法律，对于规范和调整在信息的生产、查找、获取、传递，信息技术，信息系统，信息保护等领域所产生的社会法律关系发挥了重要作用。

四、根据新情况、新问题完善市场规则，培育公平竞争的市场环境

公平竞争的市场环境是促进电子商务发展的关键因素。美国电子商务的经营秩序基本良好，在很大程度上得益于其传统交易活动中已经具备的完善的法律制度和已经形成的良好的市场环境，以及经营者对自身商业信誉的重视。美国《全球电子商务政策框架》的最重要内容就是政府的角色定位和发展原则，要求政府围绕电子商务制定政策时，应当采取非管制的、面向市场的做法。政府需要提供一个透明的、和谐的法制环境，使商业活动得以进行。克林顿政府时期对电子商务基本采取宽容自由、放任发展的方式，当出现问题时，政府进行指导性立法，以便更好地规范电子商务市场。根据传统的行政管理经验，美国联邦政府对电子商务的扶持和促进主要体现在调整税收政策和电信行业政策方面，一般不介入具体的管理事务。

美国成立了行业组织“电子商务协会”，由协会制定本行业的经营和竞争规则，包括登记域名、注册网站、仲裁纠纷和调查公布网站信用等，约束行业内企业，促进行业自律；对违法行为则通过司法手段予以制裁。在电子商务监管中，美国政府恪守政府职能，有所为有所不为，不越位不错位；经营和竞争规则由行业协会制定，政府不介入，不偏袒，扶持而不直接干预，管理而不越俎代庖，充分发挥行业组织的自律作用和桥梁纽带作用。

新加坡政府通过制定规则，为电子商务发展营造了良好的市场环境。新加坡于1998年制定了《电子交易法》和《电子交易（认证机构）规则》，对电子商务环境下产生的问题进行规范，奠定了电子交易双方当事人权利义务的法律基础，核心是建立公平竞争的市场环境。

五、完善网络环境中的知识产权保护

目前，国际上已形成了保护版权的法律法规，最著名的是《保护文学和艺术作品伯尔尼公约》，这些条约规定了知识产权保护的某些最低标准。《全球电子商务政策框架》提出，美国政府应加强软件和数据库的知识产权保护，为电子商务创造一个稳定可靠的环境。日本加强了电子商务等领域的网络服务提供者的法律责任。网络服务提供者的责任风险主要包括侵犯知识产权的责任、传播诽谤他人信息的责任、传播非法和有害信息的责任、提供咨询服务产生的责任以及提供中介服务产生的责任。但是，日本在分析了美国和欧洲国家在处理网络服务提供者责任的做法之后，指出不应使网络服务提供者承担过重的责任，否则将阻碍日本网络业的投资。

第五节　对我国的启示和借鉴意义

一、电子商务在促进中国经济转型升级方面能够发挥重要作用

电子商务是一个高增长的新兴产业，它的良好前景来源于技术创新和商业模式创新，但对其他领域的影响则没有我国这么大。国外电子商务企业和传统流通企业之间虽有竞争，但也存在互补关系，前者对后者的冲击并不是颠覆性的，这主要是因为发达国家传统流通企业的效率较高、物流成本低，电子商务带来的成本降幅相对有限。

我国电子商务发展的背景与发达国家显著不同。我国正处于经济转型过程中，过多的微观管制和行政性规制反而激励企业寻找政策突破口，改变原有的行业运营模式，获得更广阔的发展空间。电子商务的异军突起就是突出表现，它已对流通和金融业产生了冲击和影响，表现为以下方面。第一，电子商务大大降低了交易成本，对物流商贸等行业形成了巨大冲击，产品从生产者到终端消费者的距离大大缩短，节约了物流成本，刺激了消费，提高了经济效率。第二，我国商业银行在利率管制下享有固定的利差收入，社会公众的金融选择很少，资金利用效率不高，而电子商务的发展大大拓展了资金流动渠道，“余额宝”等创新性金融产品使得消费者在电子商务账户上的沉淀资金成为金融脱媒的重要渠道，这对银行的传统存贷业务产生了冲击。经济转型升级为我国电子商务发展提供了巨大机遇，同时，我们要充分发挥电子商务在促进中国经济转型升级方面的重要作用。

二、促进电子商务发展的政策重点是建立基础性制度和维护市场秩序

发达国家政府注重维护公平竞争的市场秩序，具体有两方面：一是反垄断，在企业形成垄断力量后，政府会千方百计地加强监管，避免企业滥用市场支配地位打击同行竞争者；二是反不正当竞争，避免过度的行业竞争导致产品和服务质次价高，维护良好的市场竞争秩序。

当前，我国电子商务处于蓬勃发展时期，大量企业进入该行业，市场竞争十分激烈，不正当竞争的情况时有发生，扰乱了正常的行业秩序。出现不正当竞争时，我国政府应充分发挥作用，维护市场秩序，避免不正当竞争侵害公众利益。

三、建立公平的税收制度，鼓励电子商务发展

从国际经验看，发达国家在电子商务征税方面有两种做法：一是直接减免税，如美国早期的一些做法；二是纳入现有税收体系，如欧盟的电子商务税收制度。这两种方式各有

优势，前者是将电子商务纳入国家经济战略，重点鼓励扶持其发展；后者是对电子商务不做特殊区分，只是将其作为一种新的商业业态，与传统行业同样对待。但无论哪种做法，都不会对电子商务单独征税。

理论上看，政府减免税一般考虑四个因素：一是正外部性因素，如企业研发投资带来的创新成果能向全社会扩散，所以政府应实行研发支出抵税。二是竞争因素，如对中小企业减免税，扶持其早期发展，但当企业规模达到一定程度时，就要按常规制度纳税，这有利于保持行业竞争活力，实现优胜劣汰。三是分配因素，如政府对低收入者减免税甚至给予补贴，以维持社会公平。四是对关系国计民生的战略性行业予以减税，如农业受自然状况影响大，所以各国普遍对农业进行补贴，航空航天和生物医药等高技术行业是国家竞争力的重要体现，也需要加大税收扶持力度。

对电子商务征税，需要区分两类主体：一是电子商务平台企业，如阿里巴巴；二是电子商务平台上的经营者，如淘宝网上大量的网商。首先，电子商务平台企业属于互联网行业的基础设施，它为买卖双方提供了交易平台，形成了集聚效应和规模优势，一旦平台企业出现问题，会危及平台上的所有经营者，因此，电子商务平台企业的正外部性和社会效益很强，满足上述的第一个因素。其次，对于电子商务平台上的经营者，要区别对待：一是小规模企业，月销售额在 2 万元以内，满足国家关于小微企业的认定标准，大部分网商都是这一类型，应该享受国家关于小微企业的税收优惠政策，这满足上述第二个因素。二是大规模企业，如天猫商城内的品牌商，其销售额很大，这些企业应该按常规纳税，而且电子商务有大数据优势，任何交易都记录在案，这反而有利于政府监督企业交易记录，避免企业偷税漏税。

从上述分析来看，对电子商务征税应分类考虑。首先，电子商务平台企业有巨大的社会效益，政府应给予一定的税收优惠；电子商务平台上的小规模网商属于小微企业，理应纳入现有的小微企业税收优惠体系。其次，对电子商务平台上的大型网商，电子商务只是它的一个销售渠道，应照章纳税。

四、建立适应互联网经济的市场监管体系

电子商务与传统交易模式的一大区别是其跨区性，买卖双方往往不在同一个地方，这对政府传统的属地化管理模式提出了重大挑战。与美国等联邦国家不同，我国是单一制国家，优势在于政府有自上而下的统筹能力，例如，工商管理部门在全国范围内具有市场监督管理和行政执法权，这有助于在互联网时代实现全国范围的统一监管。

从电子商务衍生出来的各类金融业务，如 P2P 网络借贷、众筹等，并未从根本上改变传统的金融业务，它主要是开展渠道创新，为公众提供更便捷的服务。由于节约了交易成本，互联网金融一般能提供更高的收益率。互联网金融具有一定的虚拟性，目前处于起步阶段，政府监管仍不到位，资本充足率、存款准备金、拨备率等商业银行监管指标，在互

联网金融领域无法发挥作用。美国证券交易委员会（SEC）已开始加强互联网金融的准入审批和监管，P2P平台每天都要向SEC提交报告，进行全面的信息披露，内容包括贷款列表、经营状况、潜在的风险因素、管理团队的构成和薪酬以及公司的财务状况等。随着我国互联网金融的蓬勃发展，监管部门可借鉴国外做法，在鼓励创新的同时对其进行适度监管，避免出现非法集资损害公众利益同时又索赔困难的情况。

第三章　当前制约我国电子商务发展的障碍性因素

当前，我国电子商务已经进入一个关键的发展阶段，电子商务的持续健康发展还面临诸多障碍性因素。

第一节　提升电子商务发展质量亟须解决的问题

近年来，我国电子商务应用不断拓展和深化，电子商务交易额持续快速增长，产生了良好的经济和社会效应。不过，我国电子商务的发展质量并不高，对经济转型升级、资源有效配置和价值创造的促进作用尚未充分发挥出来。下述问题制约了我国电子商务发展质量的提高。

一、行业管理体制有待理顺

电子商务跨行业、跨领域发展，商业模式不断创新，许多业务在政策未明确的范围内发展，国家发展改革委、公安部、财政部、商务部、工业和信息化部、文化和旅游部、中国人民银行、银保监会、工商总局等部门均有相应的管理职能，但部级协调机制缺失，多头管理和监管真空并存。目前的行业管理体制还无法适应电子商务的发展特点，难以及时应对和有效解决电子商务发展过程中出现的各种问题。

二、商业规则和法律法规不完善

近年来，国务院和有关部委出台了一系列关于电子认证、网络购物、网上交易、支付服务等的政策、规章和标准规范，优化了电子商务的发展环境。不过，由于电子商务是新兴业态，目前，适应电子商务发展的商业规则尚不完善，具有权威性、综合性的电子商务法律法规还是空白，有关电子交易、信用管理、网络安全、在线支付、市场准入、税收、隐私权保护、信息资源管理等规范电子商务的相关法律法规尚未出台，部分规章和标准缺乏可操作性，难以有效规范电子商务交易行为。

三、传统行政管理束缚了电子商务的发展

传统的行政许可、属地管理等经济管理方式未根据网络经济特点进行调整，束缚了电子商务的发展。

电子商务是一种新兴的网络经济，具有一些不同于传统经济的特点。因此，传统的一些法规和管理模式由于尚未根据网络经济的特殊性及时调整，束缚了电子商务的发展。

一是简单套用网下的许可标准，对网络销售设定物理场所等要求。例如，2010 年 12 月，新闻出版总署下发《关于促进出版物网络发行健康发展的通知》，规定网上图书批发需要 50 平方米的营业面积。2005 年 9 月，国家食品药品监督管理总局发布的《互联网药品交易服务审批暂行规定》第九条规定：向个人消费者提供互联网药品交易服务的企业，应当具备以下条件：一是依法设立药品连锁零售企业。2012 年 12 月，北京市新修订的《北京市食品安全条例》及相关的《北京市食品流通许可证管理办法（试行）》《北京市流通环节食品现场制售许可管理规范》等规定，采用无店铺方式从事食品经营的，不得经营散装食品。以上这些规定，均未考虑网络销售无实体店铺的特点，对其采取与实体店铺相同的监管要求，或者认为网店商品的质量保证不及实体店，简单采取设定更高准入门槛或禁止的办法来解决。

二是一些按地域划分的行政许可，无法适应电子商务全国大市场的特点。在互联网时代，与地域挂钩的许可模式需要重新审视和调整。例如，我国盐业专卖实行“割地而治”，食盐是专卖的，并且有区域限制。由于卖家不可能取得全国所有省份的专卖许可证，但网上交易又无法确定地域性，因此，最终卖家不可能取得“网上许可”。这导致一方面纯电子商务企业无法取得许可，另一方面传统企业即使有许可也不可以在网上销售，阻碍了电子商务的发展。2013 年 2 月，淘宝网接到杭州市盐务管理局的通知，全面管控食盐销售，在线销售的食盐一律下架。

三是现有属地管辖体制导致电子商务侵权违法行为监管困难。现实市场中法律的有效性是以地域边界划分的，国内执法一般也以此为基础，属地管辖一直是工商行政管理遵循的基本原则。但网络市场存在虚拟性、流动性、隐匿性、跨界性等特点，使得网络经济活动通常跨越几个区域，出现注册地、交易操作所在地（实施操作的网络服务器、计算机终端所在地）、商品发送地等不一致的情况。当消费者在网络购物时遭到违法行为侵害时，由于违法行为人所在地（注册地或实际经营地）和违法行为实施地（实施违法行为的网络服务器、计算机终端所在地）不一致，将面临责任追究困难的境地。依据《中华人民共和国行政处罚法》第二十条及《工商行政管理机关行政处罚程序规定》第五条的规定，行政处罚由违法行为发生地管辖。而《浙江省工商行政管理局关于工商行政处罚程序的补充规定》第十三条又规定，违法行为发生地包括违法行为着手地、实施地、经过地和危害结果发生地。对于普通的传统经济案件，这些“地”一般在同一个地方，按照交易发生地进行

管辖即可，但网络案件却很可能发生在不同的地方，甚至上述地方都可能脱离违法行为人所在地。若排除行为人所在地，将不利于案件的查处和执行。若将上述“地”都作为管辖地，又易发生管辖冲突，出现争抢案源或互相推诿的现象。

四、网络交易市场环境亟须优化

随着电子商务交易量的骤增，网上售假和网下制假、网络欺诈、虚假宣传、虚假促销、网络传销、侵犯知识产权、不正当竞争、发货迟缓、退货缓慢、用户信息盗用滥用等行为增多，损害了消费者的利益，交易纠纷和商业冲突明显增加。“中国电子商务投诉与维权公共服务平台”统计数据显示，2013年度通过在线递交、电话、邮件、即时通信等多种形式，共接到全国各地用户的电子商务投诉97 350起，同比增长4.0%。其中，网络购物投诉占52.38%，团购投诉占27.53%，移动电商投诉占10.09%，物流快递投诉占2.24%。退款问题、售后服务、网络售假是2013年较为严峻的问题，并且是各大电商的通病。网络交易纠纷的处理难度较大，处理成本也很高。有些纠纷一旦放大，很容易引发社会性事件，如2011年发生的数千个自称“中小卖家”的网民集体攻击淘宝网的事件。由于我国对电子商务的市场监管体系尚不健全，目前，由电商平台企业而非政府部门承担了大部分电子商务纠纷处理责任，尤其是关于售后服务纠纷处理的责任。

五、部分创新业务遭遇不公平竞争

创新产生了更具竞争力的新产品或服务，替代了市场中已有的产品或服务，传统市场势力因利益受损时常对新兴企业进行抵制甚至采取不正当方式进行竞争。电子商务龙头企业阿里巴巴在开展创新业务的过程中，就面临着诸多类似问题。

例如，在支付领域，我国银行卡清算市场只有中国银联一个经营主体，人民银行规定所有的银行卡支付跨行清算均需通过中国银联网络进行，中国银联在网下独家经营银行卡的“互联互通”。支付宝等民间第三方支付公司为商户和消费者的网上交易提供了免费的支付接口，起到“网上银联”的作用。但随着支付宝从线上发展到线下，在线下发展无卡交易，便与中国银联形成了竞争。按人民银行规定，每笔刷卡的手续费由发卡行、收单行、银联按“7∶2∶1”分成，而许多支付公司多数线上交易不需走银联通道，线下收单也已具备与银行直连清算的条件，如此一来，中国银联的盈利模式遭到冲击。中国银联要求银行停止与第三方支付机构合作，并力图使第三方支付机构接入银联通道。在2013年7月银联召开的第四届董事会第六次会议上，中国银联发布了一份名为《关于进一步规范非金融支付机构银联卡交易维护成员银行和银联权益的议案》的会议文件，并提出了具体实施计划：9月起，各成员银行停止向非金融机构新增开通银联卡支付接口；2013年年底前，全面完成非金融机构线下银联卡交易业务的迁移，统一上送银联转接；2014年7月1日前，实现非金融机构互联网银联卡交易全面接入银联。2013年8月27日，支付宝在官方微博发表声明称，由于某些众所周知的原因，支付宝将停止所有线下 POS 业务。

又如，家具连锁店联合禁止商户参与电商活动。2013 年 10 月，阿里巴巴旗下天猫商城推出的“线上线下联动”活动（商家在实体店完成商品展示、送货等物理流程，而通过网上完成下订单、付款等商务交易），遭遇居然之家、红星美凯龙等 19 家家居连锁卖场的“封杀”，部分卖场禁止实体店通过网络销售。红星美凯龙严格禁止任何商户以任何形式在卖场内传播或推广其他电商线上的“双 11”活动。居然之家对商户发出通知，称“不许与居然无关的电商合作，不许展示其标识，禁止在场内开展线下体验活动。不许使用电商的移动 POS 机，一旦发现不但没收，还处以交易金额 10 倍的罚款；发现两次的，直接清场”。

六、电商平台企业的可持续发展能力不强

阿里巴巴、京东商城、QQ 网购等电商交易企业在促进我国电子商务发展方面发挥着重要作用。近年来，电商平台企业赢利模式较为单一，线上产品同质化严重，价格战是电商平台企业快速扩张的主要手段，而对于与电子商务相关的售前体验、售后服务等，电商平台企业缺乏投资热情。持续的价格战使电商平台企业一直处于资金紧张的状态，盈利能力普遍不强。例如，京东商城 2010 年、2011 年和 2012 年的净亏损分别为 4.12 亿元、12.84 亿元和 17.29 亿元，2013 年的交易额突破了 1000 亿元，但只实现了微利。其他电商平台大多处于长期亏损状态。长期经营亏损，不仅削弱了电商平台企业自身的可持续发展能力，而且削弱了电商平台对产业链的整合和带动作用。我国电商平台企业的整体服务能力尚待增强，服务水平尚待提高，服务范围尚待拓展。

七、信息网络、物流配送等基础设施落后成为制约电子商务发展的重要瓶颈

随着电子商务的快速发展，我国信息网络、物流等电子商务基础设施的建设难以满足经济社会发展的需求。目前，我国虽然是互联网大国，但还不是互联网强国。我国电信基础网络由三大运营商垄断经营，网络传输速度严重落后，服务质量低而收费高，互联网仍处于“低速宽带”阶段。与城市相比，乡镇、农村的网络基础设施建设更加落后，普及率低，网络连接质量差，严重制约了网上交易的开展。尤其是，随着电子商务的发展，网络商品展示的信息量更大，商品图片、视频等需要更高的网络传输带宽，网络基础设施落后的影响更为严重。调研中企业反映，由于网速限制，在一些偏远地区，卖家上传一些商品信息图片比较困难，网民上网购物浏览相关商品信息经常需等待很长的网络反应时间。

物流配送是电子商务交易达成的重要保障，它涉及仓储、干线运输和配送等三个环节，对应的物流行业包括仓储业、货运业和快递业，其中，快递业是当前我国电子商务物流配送的主要参与者。电子商务的迅猛发展促进了快递业的发展。然而，由于我国物流业

基础较差，物流服务能力严重不足，已成为制约电子商务发展的重要瓶颈。一是快递行业的服务能力不能满足电子商务的需求。我国快递企业超过 1 万家，市场集中度不高，服务能力不足，现有加盟制经营模式导致服务质量普遍不高。部分大型电子商务平台企业自建配送体系，加大了运营成本与经营负担，制约其核心业务发展。二是面积仅相当于美国的 1/14，立体仓库、自动分拣等现代化设备远没有普及，大大降低了物流配送效率。三是发展不平衡，地区间差异较大。以快递业务量为例，我国东部地区的快递业务收入占全国总量的 80% 以上，其中，长三角、珠三角、京津冀三大区域就占了全国的 70% 左右。这种不平衡在县域及农村地区更为突出，目前，除中国邮政外，几乎没有覆盖农村地区的快递网点，制约了这些区域的电子商务发展。四是“仓储 + 干线运输 + 配送”分段式运作，约束了物流配送能力。由于电子商务企业与物流企业在信息化方面还没有实现共享，物流企业还达不到“仓配一体化”的服务能力，导致物流配送效率低下，服务质量不高。

此外，电子商务专业人才不足、信用服务体系不完善等也制约着我国电子商务服务业发展质量的提高。

第二节　我国发展跨境电子商务面对多方面挑战

2013 年 8 月，国务院办公厅转发由商务部会同发展改革委、人民银行、海关总署等 9 个部门共同研究制定的《关于实施支持跨境电子商务零售出口有关政策的意见》，上海、重庆、杭州、宁波、郑州等跨境电子商务试点城市积极有效地推进有关试点示范工作，一些长期困扰我国跨境电子商务发展的瓶颈得到了初步解决。不过，我国跨境电子商务服务业仍然发展滞后，尚未形成完整的供应链体系，配套的法律法规、信用体系等也不健全，无法满足快速发展的跨境电子商务需求。当前，我国发展跨境电子商务仍面对下述一些方面的挑战。

一、通关服务亟须改进

跨境 B2B 贸易多采用传统的通关方式申报通关，由于检验检疫和通关手续烦琐，跨境电子商务的时效性得不到保障。跨境网络零售的交易品种多、交易频次高，大量采用航空小包、邮寄、快递等方式。为规范通过邮寄方式进行的代购活动，2012 年海关总署规定，所有境外快递企业使用 EMS 清关派送的包裹，不得按照进境邮递物品办理清关手续。这意味着这类包裹必须按照贸易货物通关，然而传统的贸易通关方式并不适应跨境网络零售的特点。我国大多数小企业没有进出口经营权，跨境网络零售又没有报关单，结汇、退税等都难以操作。此外，随着跨境电子商务交易量的增加，产生的返修商品、退回商品将会增多，这些商品目前被视为进口商品，需缴纳进口关税，这也是今后需要解决的问题。

二、市场监管体系有待建立和完善

对于跨境电子商务服务业，目前我国只有《互联网信息服务管理办法》《电子签名法》等几部相关法律法规，对于跨境电子商务涉及的交易、税收以及消费者权益保障等方面都没有专门的规范和标准。我国电商企业通过电子商务平台进行虚假宣传、销售假冒伪劣商品、侵犯知识产权，非法交易及欺诈行为时有发生，海外消费者投诉众多，影响了我国外贸电商的集体形象。据全球最大的电子商务平台 eBay 统计，中国大陆地区卖家在 eBay 完成的跨国交易中，平均每 100 个交易会接到 5.8 个投诉，远高于全球平均水平（2.5 个）。国外一些电子商务平台甚至针对中国卖家制定了歧视性的规定，如更高的佣金、更严厉的处罚措施等。此外，国内外的商品、商标体系不互认，标准体系不同步等问题也制约着跨境电子商务的发展。

三、结汇方式需调整优化

电商开展跨境电子商务主要采取下述三种结汇方式：一是开设多个个人账户。一些外贸电商的月营业额达到数十万美元，而根据我国现行的外汇管理制度，个人账户每年每人最多只能兑换 5 万美元。一些外贸电商以亲戚朋友或员工的名义开设多个个人账户，变相提高外汇结算总额度。二是通过地下外汇中介处理外汇问题。三是利用国内个别地区不限制结汇额度的特殊外汇政策结汇。据业内人士估计，跨境电子商务企业中有 40%~70% 的资金以正规的渠道在境内结算，剩余部分则自行消化。其中，既有外汇管制的原因，也有企业通过灰色方式偷避税的原因。目前，外贸电商在跨境电子商务结汇方面仍存在许多不规范和不便利之处，亟须采取优化和便利化措施。

四、国际合作有待加强

我国跨境电子商务庞大的目标客户群都在海外，电商企业在跨境交易过程中也遇到了一些实际问题。例如，俄罗斯海关缺少跨境电子商务解决机制和方案，导致大量包裹积压在海关，处理时间长达 40~80 天，甚至经常出现货物丢失。俄罗斯邮政系统处理能力低下，面对电子商务这类包裹处理经验严重不足。由于国内电商出口货物多数为包裹，电商无法正常结汇，无法退税，大部分销售货款通过灰色渠道回到国内，企业面临一定的法律风险。

第三节　发展移动电子商务服务业亟须解决的主要问题

一、移动网速慢和资费高的问题仍然较为突出

2013 年是我国宽带建设实现跨越式发展的一年，宽带网络覆盖范围日益扩大，网速大幅提高。蓝汛公司发布的《2013 年中国互联网感知数据报告》显示，2013 年中国平均网络速度为 3.45Mbps，比 2012 年第四季度的 2.591Mbps 提高了 33.2%，不过，与日本、韩国等国家相比，中国平均网络速度仍然很慢，国内大部分手机用户上网网页打开慢、网络连接数据传输慢。此外，国内手机上网资费偏高，套餐内包含的数据流量少，电信运营商对超出套餐额度的数据流量收取高额费用。国内公共场所的 WiFi 未得到有效发展，存在覆盖点少、带宽有限、标准不统一等方面的问题。

二、移动电子商务的安全保障能力不足

移动电子商务实现了电子商务从有线互联网向移动互联网的延伸，大大丰富了电子商务应用。不过，有线网络的安全技术不能直接应用于无线网络设备，移动终端的运算能力和存储容量不足，对木马病毒、手机钓鱼网站等的防范能力较为薄弱。一些不法厂商利用智能手机软件应用平台开源性和开放性的特点，通过伪装篡改热门游戏、软件嵌入木马或在游戏、软件中捆绑广告插件等方式进行恶意应用。此外，我国智能手机操作系统等核心技术被苹果、谷歌等外资巨头掌控。2013 年，谷歌安卓和苹果 iOS 平台占据全球移动操作系统市场 90% 以上的份额，大部分国内企业长期处于产业链条中下游，只能从事应用开发等外围服务。我国发展移动电子商务面临移动互联网平台核心层信息不透明、平台底层架构改变等潜在威胁。

三、移动电子商务的市场监管体系尚不健全

移动电子商务的跨区交易对我国工商、质量监督检疫等领域的属地化市场管理模式提出了挑战，同时，移动电子商务使得交易风险跨机构、跨市场扩散的可能性显著上升，这对市场监管提出了更高要求。例如，互联网金融参与者多，人均金额小，目前，我国与互联网金融相关的信用体系、诚信体系建设相对滞后，消费者保护问题尤为突出，现有的金融监管体系尚存在一定的监管缺位。

第四节　发展互联网金融亟须解决的主要问题

以信息科技为基础的互联网金融，具有受空间和时间约束小、交互性和便利性强等方面的优势，正深刻地改变着我国金融业态。在移动电子商务的背景下，金融风险将更加多元化、分散化，这对我国金融监管提出了新的挑战。现有的金融监管体系尚无法对互联网金融实现完全覆盖，存在一定的监管缺位。

具体而言，我国发展互联网金融面对下述一些方面的挑战。

第一，第三方支付和移动支付迅速发展，当前，我国对第三方支付的监管较为薄弱，移动支付的技术标准仍不健全，存在潜在的风险。

第二，众筹模式催生了大众化的资金融通，它的优势在于灵活性和多样性，初创企业以及音乐、游戏、时尚设计、影片创意等项目均可借助该方式获得融资，但当前我国法律对众筹模式的界定仍不清晰，并且缺乏事先防范性的监管制度，众筹模式有可能引发非法集资。在实际运作过程中，由于中小企业或个人直接进行网络融资成本高、可信度低等原因，众筹运营主要通过众筹平台进行。目前，众筹平台运营模式单一。同时，由于平台向融资成功的项目收取的手续费极少，甚至免费，这使得许多平台入不敷出，发展势头放缓。还有很多平台为了吸引客户，对项目审核不严，使平台的功能无法得到正常发挥。

第三，以余额宝为代表的互联网基金理财产品，有效集中了客户的闲散小额资金。在余额宝推动下，目前，天弘基金的规模已达数千亿，在未来的发展中面临着投资渠道有限等方面的挑战。

互联网金融的参与者众多，而人均金额较小，消费者处于弱势地位，消费者保护问题尤为突出。例如，余额宝现在已经有8000多万投资者，尽管每个投资者投入的资金不多，但是一旦金融产品的前期收益承诺难以实现，就会出现大量投资者要求赎回的情况，存在一定的资金兑付风险。

第四，我国P2P网络借贷的风险已开始暴露。2013年下半年以来，网赢天下、中财在线、天力贷、力合创投、万利创投、保险贷、家家贷、银实贷等P2P网络借贷平台相继出现挤兑、提现困难、投资人资金难以收回等现象。据网贷之家的不完全统计，2013年，国内倒闭的P2P网络借贷平台有75家，涉及金额约12亿元；2014年1月，有十几家网络借贷平台倒闭，涉及金额近10亿元，涉及人群遍布全国各省市，成为新的社会不安定因素。上述陷入困境或倒闭的P2P网络借贷平台开展的业务并不是规范的P2P业务，其中有一部分P2P网络借贷平台从事非法集资或金融诈骗，以欺诈投资者、卷款逃走为目的，还有一部分P2P网络借贷平台风险管理不善又过度扩张，最终陷入庞氏骗局，经营难以为继。

第四章　促进电子商务继续创新发展的建议

电子商务发展的巨大成就说明，我国政府支持和管理电子商务创新总体上是成功的。创新通常会给组织和制度带来冲击，同时也需要相应的组织和制度变革才能完成整个进程。作为一种创新，电子商务发展对政府管理来说既有契机又有挑战，政府的管理实践需要进行相应变革，才能更好地发挥这一创新对经济社会发展的巨大推动作用。我们应该继续坚持好的做法，同时针对行业发展中出现的新形势新问题妥善加以应对，促进电子商务持续、规范发展。

第一节　多措并举，提高我国电子商务发展质量

一、坚持边发展边规范、规范适应发展的原则，支持电子商务创新

从过去十多年电子商务的发展和政府管理来看，我国对电子商务的监管总体来说是成功的。这种成功管理的经验就是，对电子商务创新采取边发展边规范、规范适应发展的监管方式。边发展边规范，是指发展中出现了问题，就解决问题；规范适应发展，是指规范的目的是为了发展，疏而不堵，不因为出了问题就全盘否定。

目前，电子商务仍是处于成长阶段的新兴行业，在行业管理中，应该继续坚持边发展边规范、规范适应发展的原则，支持行业创新，避免过度监管影响行业创新发展的良好势头。针对行业发展中出现的问题，应该加以规范，但规范与发展应该统一。由于创新永远走在监管前面，相关法规或管理总是滞后的，一些问题的发生在所难免。各行各业如此，古今中外如此，但关键是如何正确处理发展中出现的问题。为了解决行业发展中出现的一些问题，传统管理方式通常是设立较高的准入门槛限制市场力量进入甚至一禁了之，即以牺牲发展来确保行业不出问题。这是一种比较保险、暂时管用却低效、不透明、易于滋生权力寻租的管理模式，更为重要的是，由于这种过度管理对行业发展施加了不必要的限制，会减少对消费者提供商品和服务的数量，提高其成本，损害了市场的效率，最终阻碍了行

业的发展。而且，还可能出现更坏的结果，虽然采取过度监管方式，但政府执法力量有限，在利益的刺激下，一些人不惜铤而走险，绕开监管，形成混乱的地下市场，导致发展和规范均未能得到。我国对药品、医疗器械的网上交易管理，就是采取严格限制措施，但行业既未能发展、又未能规范的鲜明例子。国家食品药品监督管理总局先是于1999年12月发布《处方药与非处方药流通管理暂行规定》，规定暂不允许采用网上销售方式销售处方药、非处方药，后进行了调整，于2005年9月发布《互联网药品交易服务审批暂行规定》解禁网上售药，但仅允许药品连锁零售企业在网上向个人消费者销售非处方药，且需取得互联网药品交易服务机构资格证书（网上销售医疗器械类似）。2005~2013年，8年间药品监管部门仅批准了129家网上药品零售企业，相对于全国6000多家连锁零售药店，占比很小。这不但导致我国2012年网上药品零售市场规模仅为16.8亿元，与美国网上药店市场1700亿美元无法相比，而且市场上存在大量无证经营者，数量超万家，这些游离于监管之外的地下网店鱼目混珠，不少售卖假冒伪劣药品，难以辨认，社会影响非常恶劣。因此，通过审批限制的方式更多是一种设“路障”的方式，难以实现行业畅通发展。政府部门应该以发展为目的来规范行业，多设“路标”，兴利除弊，通过各种有效措施引导行业良性发展，不能因噎废食，为规范舍弃发展。特别需要警惕一些利益团体打着“规范”“监管”的旗号，以“规范”为名，行抑制扼杀创新之实。

当前，无论是电子商务立法、征税，还是海外代购，都应本着边发展边规范、规范适应发展这一原则，积极应对新形势，鼓励行业发展。随着电子商务的发展壮大，各方面对电子商务的关注越来越多。例如，一些人呼吁对电子商务征税。实际上，虽然我国当前没有专门的电子商务税法，但根据当前的法律规定，从事电子商务的企业和传统企业是一样需缴纳相关税收的（小微企业月销售额2万元以下免税），而从事电子商务的个人卖家如果其完成的交易达到一定的数额（月销售额2万元），也应缴纳相关税收。现实中，大型电子商务企业的运营和管理都比较规范，一般会与传统企业一样缴纳税收。由于对网上个体商户的监管存在较大困难，监管成本较高，收益也不是很可观，所以一般网上个体商户都不会缴纳税收。而对于从事电子商务的中小型企业，因为国家对网上交易税收管制较松，再加上电子交易的无纸化，存在部分企业利用电子商务进行逃避税现象。其中存在诸多问题，一方面，月销售额2万元的起征点较低，税法规定较为严苛，如果严格执行，电子商务恐怕难以有今天的发展局面；另一方面，网络环境下，对于大量的个体商户和小微企业征税存在技术难度，成本高。在这种情况下，对网络交易征税就应根据实际情况慎重研究，管理措施应考虑到对网店运营的影响，切不可因规范管理削弱了行业发展的活力。又如，面对电子商务行业发展中存在的新情况、新问题，相关部门、专家学者建议对电子商务问题进行专门立法，2013年，《电子商务法》也如愿列入全国人大常委会的立法规划，这是与时俱进的需要。立法意味着对行业加强监管，建议从鼓励创新、促进行业发展的角度来规范我国电子商务行业，避免把不成熟的规则过早法制化，对以后的电子商务实践形成障碍和制约。另外，海外代购是近年来电子商务的新增长点，其实质是一种跨境消费行为，由相关代理商完成。如何将其纳入现有监管体系，保护消费者合法权益，需要政府从发展的角度调整相关政策。

二、充分发挥电子商务在促进中国经济转型升级方面的重要作用

近年来，我国信息化建设由原先的以应用推广为主要特征的外生信息化向内生信息化转变，信息化成为内生于各行各业业务发展的核心要素。在这个转变过程中，电子商务发挥着重要的作用。电子商务不仅成为新一代信息技术应用创新的重要领域，而且日益与各传统行业深度融合，并由此衍生出大量新型的现代服务业态。建议国家从促进经济转型升级的战略高度，加强顶层设计并制定有关加快电子商务创新与发展的具体政策措施。

三、完善电子商务行业管理体制

电子商务是一种新兴的网络经济，网络经济的特点是量大（如大量小微企业）、参与人数众多、时效性高、跨地域、形态各异，很难用传统的许可证、年检、抽查、吊销执照等方式达到良好的治理效果。要实现在一个复杂的、高速运转的系统中快速化解矛盾、防范风险而不影响系统的运行效率的目的，需要政府根据电子商务的发展规律和实践，积极创新管理方式，从传统管理走向治理和服务，“更好发挥政府作用”。

要基于“简化市场准入，强化业务监管”的思路，建立电子商务监管的部级协调机制，将各项监管职能有机衔接、深度整合，培育统一的电子交易管理体系。重点推进对大型电商平台的监管，逐步落实对电商平台内网店的监管。处理好政府市场监管职能与电商平台基于自身平台化优势而具备的公共管理功能之间的关系，充分发挥电商平台在规范电子交易市场方面的作用。监管部门与电商平台一起加强交易信用管理，全时监测并有效打击网上违法违规交易行为，及时处理网络交易纠纷，构建可信、安全、便利的网络购物环境。针对移动电子商务的跨区域特征，要逐步完善跨区监管机制，及时制定跨省网络交易违法案件查处、电子数据证据取证、建立网络经营主体数据库等方面的规范性文件和配套细则，形成全国统一的市场管理方式，提高信息技术在网络市场监管中的应用水平。结合国家电子示范城市创建工作，指导地方开展电子商务规制建设，各地应突出特色、因地制宜、错位发展，避免低水平重复建设。

支持反映企业和网商利益及诉求的电子商务行业组织建设，加强行业自律，建立行业公约、规范和标准，协调企业经营行为，监督服务质量，配合政府部门维护市场秩序，形成有利于电子商务服务业可持续发展的良性市场规则。

四、加强电子商务立法和标准规范体系建设

梳理现有法规，并从权利归属、交易行为、市场秩序及监管、基础公共服务四个基本层面抓紧研究建立电子商务总体规制框架体系，加快《电子商务法》等电子商务相关法律

法规的起草和修订工作，保障与规范电子商务发展。针对电子商务发展过程中亟须解决的问题，研究制订《支付机构网络支付业务管理办法》《电子商务小额争议解决办法》《网上商业数据保护办法》等部门规章。建立与完善电子商务标准化工作组织与机制，开展电子商务标准化的系统研究，制订出台各细分领域的电子商务标准规范，同时，加强电子商务标准规范的试点验证工作。积极参与国际标准化组织或机构制定电子商务标准规范的相关工作，大力推进电子商务领域的国际交流与合作，增强我国在国际上的影响力和话语权，争取建立有利于我国企业开展跨境电子商务的国际规则体系。

针对新情况、新问题，及时完善《反垄断法》和《反不正当竞争法》，加大对垄断行为和不正当竞争行为的处罚力度，创造公平竞争的市场环境。对于利用垄断地位打压中小企业，或采取不正当竞争方式的，坚决执行相关法规，维护公平竞争的市场秩序。只有让行业保持良性竞争，才能让新技术、新企业层出不穷，真正实现让创新成为驱动经济发展的原动力。

五、加大电子商务基础设施建设力度

积极实施“宽带中国”战略，尽早实现三网融合，为电子商务发展提供便利条件。增强网络覆盖能力，提升宽带接入水平，尤其要提高无线网络、无线通信等基础设施建设水平，在提高网络使用性价比的同时降低资费。进一步建立和完善更加竞争的电信市场结构，促进信息终端的宽带接入门槛和通信资费的进一步降低，推动更多的人群加入社会化价值网络。逐步放宽市场准入，促进电信基础设施的开放和公平使用，吸引民间资本投资电信基础设施建设，有效解决电信服务短缺、质量和效率不高等问题，加快电子商务发展。逐步整合目前国内基于不同技术标准建立的安全认证体系，建立全国范围内的电子商务安全认证体系。加强农村地区信息基础设施建设，改善上网条件，促进农村电子商务发展。综合采取财政、金融、税收等方面的支持政策，推进电商平台配套服务体系建设，增强电商交易企业的可持续发展能力和创新能力，充分发挥其对相关企业、产业创新发展的龙头牵引作用。鼓励和支持更多的传统企业和中小企业依托第三方电子商务平台开拓国内外市场，提升企业竞争力。

研究制订鼓励冷链物流基础设施等扶持政策，支持农产品流通企业创新发展。研究相关扶持政策，加强中西部地区电子商务基础设施、支撑体系、公共信息服务平台建设，搞活中西部市场流通，促进中西部地区电子商务的发展。

六、优化电子商务物流配送体系

鼓励和支持地方在城市规划、仓储设施建设等方面，为电子商务企业提供配套服务，保障开展电子商务所需的仓储配送用地，完善跨区域分拨中心、公共配送中心、末端配送点三级网络体系建设，探索解决快递车辆管理问题，推动解决物流配送“最后一公里”问题，提高物流配送效率，逐步形成满足电子商务发展需求的物流配送体系。整合现有物流信息资源，推广物联网无线射频识别技术（RFID）在物流企业的广泛应用，引导物流服务网上交易，实现物联网对电子商务物流发展的有力支撑。健全完善全国农产品商务信息公共服务平台，启动农村流通设施和农产品批发市场信息化提升工程，鼓励和支持电商参与农产品流通和农村物流体系建设。引导社会资金投资建设智能物流信息网络，实现制造企业、电商、电子商务服务企业、物流企业的信息共享。

七、完善电子商务信用体系和认证体系

电子商务信用体系是建立长效监管机制、从源头上规范电子商务市场经济秩序的重要支撑。建议开展电子商务信用评价指标、信用档案等标准研究，建立统一的信用评价和奖惩规则。建设电子商务信用基础数据库，建立公开、透明、动态的企业信用记录。健全部门信息共享和协同监督机制，推动建立面向第三方信用服务机构的信用信息采集、共享与使用机制，形成政府主导、多方参与、标准统一的电子商务信用体系。

增强对电子商务资产的保护，明确电子商务企业在网上创立的商品品牌、商品设计以及自建网站本身设计的知识产权。进一步加强电子商务领域的知识产权保护，加强部门联动、社会监督，建立公平竞争、诚信守约的市场环境。

推进认证平台建设，完善电子认证基础设施，开展电子认证加密技术研究。加强信息安全防范，引导电子商务企业完善数字认证、密钥管理等安全服务功能。健全信息安全管理制度与评估机制，提高电子商务系统的应急响应、灾难备份、数据恢复、风险监控等能力。

八、加强网络经济监管，规范网络市场秩序

为了保证网络交易安全、保护消费者权益，需要根据网络经济特点采取相适应的监管原则和方式，完善监管手段，坚决维护网络市场秩序。

一是加强部门、区域协调和联动机制建设，实现一体化监管。首先，在工商、公安、电信、消费者保护协会等部门之间建立协调和联动机制，根据职责明确分工和协作，形成监管合力。其次，建立信息联网共享机制，开发全国统一的工商注册登记系统，实现全国企业信息数据库联网共享，为网络经济一体化监管打下技术基础。最后，在电子商务违法行为执法上，进一步强化区域之间分工合作的协调和联动机制，应对跨区域的违法问题，提高执法效率。

经济的创新和发展依赖于现代信息技术，对其监管也应立足于信息技术，“以网管网”，实现监管智能化。2013 年，国家市场监督管理总局公布已建成全国网络商品交易监管信息化平台并开始在部分省试运行，重点对网上经营主体、违法商品信息、违法行为进行监测，及时发现并查处网络商品交易违法行为，并将逐步建立所有网站卖家的真实信息以及信用记录。应积极发挥该平台的作用并不断完善，将其与工商登记注册系统联网共享，实现全过程动态管理。

第二节　加大政策创新力度，促进我国跨境电子商务发展

为促进我国跨境电子商务的快速、健康发展，建议重点开展下述一些方面的工作，加快推进经济体制改革，加大政策创新力度，为跨境电子商务创造良好的发展环境。

一、优化通关、支付、物流、结汇等服务支撑体系

一是由海关总署牵头建立对跨境电商企业的认定机制，确定交易主体的真实性，并建立交易主体与报关服务的关联体系。电商货物进出口都纳入货物类监管，参考对个人物品的监管方式，逐步完善直购进口、网购保税等新型通关监管模式，电商货物清单核放，快速通关，事后由电商企业汇总申报。网上交易记录、物流记录、支付记录等都可作为跨境贸易电子商务出口货物认证依据。加快电子口岸结汇、退税系统与跨境电商平台、物流、支付等企业系统联网对接，实现口岸监管的前推后移、分类通关以及全程无纸化通关管理。

二是完善跨境电子支付体系。支持跨境电子支付服务企业发展，允许试点支付企业办理境外收付汇和结售汇业务。外汇管理局在接收在线交易订单、支付记录与实际通关信息并验证电商货物交易真实性后，可不将该笔交易的外汇金额记入个人客户结售汇总额，并允许支付企业集中办理付汇相关手续。

三是在保税区、通关、检验检疫、工商等与跨境物流配送相关环节，制定调整优化措施，进一步完善有关管理规范，推进贸易便利化，促进国内物流快递企业的国际化发展。鼓励大型国际快递企业与国内电子商务企业、物流配送企业实施多元化配送模式尝试。出台跨境物流配送企业服务质量标准，促进跨境物流配送企业提质增效。

二、建立和完善跨境电子商务市场监管体系

研究制定跨境电子商务市场监管法规，建立健全跨部门的日常协作配合机制，加快电子商务监管信息系统与平台建设，逐步完善跨境电子商务诚信体系，加强对我国跨境电商平台及电商企业的规范与监管，打击跨境电子商务中的假冒伪劣以及违反知识产权行为。建立跨境贸易电子商务邮件快件检验检疫的监管模式，同时，研究跨境电子商务产品质量的安全监管和溯源机制。加快制定网络经营者电子标识和网络交易商品、交易行为的标准规范，建立对外贸易电子商务可信交易环境。引导个人海外代购转向专业网站经营，规范海外代购的流程和渠道。根据跨境电子商务的发展特征，创新市场监管方式，不断提高监管的信息化水平，增强问题发现能力和应急处置能力，为跨境电子商务的发展营造良好的市场环境。

三、加强跨境电子商务国际合作

建议我国商务等部门积极参与相关国家推进跨境电子商务的规则、条约的研究和制定，包括跨境电子商务通关服务相关的配套管理制度和标准规范、邮件快件检验检疫的监管模式、产品质量的安全监管和溯源机制、邮件快件的管理制度等，建立跨境电子商务国际合作机制，为国内企业开展跨境电子商务创造必要条件。在区域全面经济伙伴关系（RCEP）等双边、多边自贸区谈判中，要充分考虑我国跨境电子商务发展问题。积极利用 WTO 等相关国际组织的标准和协商体系，帮助国内企业处理跨境电子商务贸易纠纷。与此同时，要加强与主要贸易伙伴及相关国际组织的电子商务国际交流与合作，推进跨境电子商务应用项目的示范实施。

四、引导和支持跨境电商平台的发展

制定具体的扶持政策，支持我国大中型电子商务平台开展跨境电子商务，充分发挥电子商务平台在整合国内企业资源、对接国际市场等方面的积极作用。引导和支持跨境电商平台向国际一流服务商看齐，开展规范化经营，提升服务品质，探索跨境电子商务切实可行的交易模式。促进跨境 B2B 平台从"黄页式"的信息平台升级为交易平台，提供包括海外推广、交易支持、在线物流、在线支付、售后服务、信用体系和纠纷处理等在内的跨境电子商务全流程整合服务。

第三节　为移动电子商务发展营造良好的市场环境

移动电子商务是电子商务的发展方向，发展潜力巨大。建议加强无线网络等基础设施建设，完善相关政策，为移动电子商务的发展营造良好的市场环境。

一、放宽电信行业的市场准入

无线网络是移动电子商务发展的基础。目前，我国电信产业仍未充分放开，市场竞争不充分，不利于无线宽带速度提升和资费下降。建议放宽电信行业的市场准入，在电信行业实行负面清单制度，凡是没有明令禁止进入的电信服务领域，都要向社会资本开放，建立公开、平等、规范的电信行业准入制度，鼓励社会资本进入移动网络运营。

二、加强移动互联网等信息化基础设施建设

认真贯彻执行《"宽带中国"战略及实施方案》，放宽电信行业的市场准入，鼓励社会资本投资运营移动网络，加强移动互联网等信息化基础设施建设，在继续推进宽带网络

提速的同时，加快扩大宽带网络覆盖范围和规模，深化应用普及，增加用户的移动网络容量，促进资费的合理下调。

三、完善移动电子商务市场监管体系

制订并逐步完善移动电子商务相关技术标准和行业规范，完善移动电子商务市场监管体系，争取形成“事前综合防范、事中有效监测、事后及时溯源”的审慎监管和应急处置工作机制，在鼓励创新的同时，加强交易主体身份认证管理，采取有效的技术手段保证移动电子商务的相关服务和数据安全，严厉打击网络售假、网络欺诈、侵犯用户隐私等违法违规行为，及时处理网络交易纠纷，构建可信、安全、便利的移动网购环境。

四、推进移动电子商务的技术研发和试点应用

加大支持力度，推进移动电子商务技术研发和产业化，促进国内企业研发具有自主知识产权的智能手机操作系统。面向国际国内，坚持自主创新，努力形成自主可控的知识产权，完善国家移动电子商务相关技术标准体系，以企业为主体，加强产学研合作，加大产品创新和研发力度，探索开放的社会化分工协作机制，整合有关力量，促进产业链发展。以关键技术创新、产品研发、产业链协同发展为重点，促进自主知识产权、民族品牌和技术标准的形成，提高我国移动电子商务的自主创新能力和国际竞争力。重点加强移动智能终端、智能卡和芯片、读卡机具和安全管理等关键共性技术的自主研发。推动近距离通信（NFC）、机器到机器（M2M）等技术标准的制定和应用，促进移动互联网在经济社会各领域的深度应用。鼓励第三方电子商务机构研发应用移动电子商务客户终端，引导传统电子商务交易平台拓展移动电子商务业务，逐步提高移动电子商务交易比重。继续推进移动电子商务在公共事业、物流、旅游服务、农业生产流通、企业管理、环保监控等领域的试点应用，积极开展国家电子商务示范城市移动电子商务金融科技服务创新试点，丰富产品体系，完善体制机制，为移动电子商务健康快速发展提供有力支撑。

第四节　促进互联网金融健康发展

一、加快支付服务业的产品和服务创新

加快建立由网上支付、移动支付、固话支付以及其他支付渠道构成的综合支付体系，为电子商务提供安全、高效的资金结算服务。鼓励银行拓展电子银行服务业务，强化在线支付功能。鼓励银行加强与电子商务企业的合作，发展电子票据、移动支付等新型电子支付业务，推出适合电子商务特点的支付产品和服务。加强第三方支付平台建设，引导第三

方支付机构在依法合规经营的基础上，加快产品和服务创新，做大做强非金融机构支付服务业务。同步二维码支付业务流程，择机重启二维码支付业务。

二、在鼓励、包容金融创新的同时有效防范互联网金融风险

互联网金融创新必须坚持金融服务实体经济的根本原则，应满足宏观调控和金融稳定的要求。既要守住不发生系统性金融风险的底线，也要积极引导和支持互联网金融机构健康发展。对互联网金融产品创新的监管，应该根据产品的不同特征建立起分层次的监管体系，根据产品的风险大小进行合理的监管，从而有效防范风险，充分保护金融消费者的利益。

由于互联网金融机构建于互联网和移动互联网基础之上，利用了大数据和云计算等先进技术，所以互联网金融需要基于“大金融”的理念来统筹监管，需要由人民银行、银保监会、证监会、国家发展改革委、工业和信息化部在内的多部门进行协调。针对互联网金融的跨行业、跨地区的特征，监管部门和地方政府应建立良好的金融监管分工协作机制，有效规范市场主体的交易行为。要尽快明确监管机构在互联网金融中的职责分工和任务，完善互联网金融监管体系，在市场准入、风险准备金拨备、交叉跨界等互联网金融监管上加强部门联动，做到既鼓励、包容金融创新，又确保监管到位。

三、促进我国众筹行业健康发展

众筹是发展普惠金融的良好平台。建议在法律上给众筹留下发展空间，针对不同的市场主体设定不同的监管模式。对融资者而言，关键是进行充分的信息披露。每一个项目均应明确项目发起人的基本情况、项目总筹资金额上限、回报的具体形式以及筹资后的持续信息披露，并明确融资者披露虚假信息的责任（包括刑事责任与民事责任），融资者要注重提高产品质量，加强与投资者互动，及时更新项目信息。对投资人而言，应明确准入条件并限制大型机构的介入，明确个人投资额上限。对众筹平台应鼓励模式多样化，适当提供平台建设资金，同时规范平台发展，制定平台设立标准和监督权限，禁止平台直接参与项目的设立和运营，禁止自融平台的运作。众筹平台应主动与监管部门共同监督中间账户。

四、促进我国 P2P 网络借贷健康发展

我们以 P2P 网络借贷为例，探讨如何在鼓励、包容金融创新的同时有效防范互联网金融风险。

（一）按照“实质重于形式”的原则，灵活界定 P2P 网络借贷的性质

我国的 P2P 网络借贷是在金融市场仍存在严格管制、信用体系尚不完善的情况下发展起来的。现实运作中，P2P 网络借贷公司并不完全是信息中介，还存在类证券服务（推出与特定股权或债权挂钩的标准化金融产品，如陆家嘴金融资产交易所的稳盈 - 安 e 贷）或

类资产管理服务（如宜信公司的“宜信宝”“月息通”），进行了多种业务创新和变形。P2P 网络借贷公司普遍提供资信评估、资金管理、债务催收等服务，有的还引入第三方或建立基金，提供部分担保；经营上与各类金融机构、准金融机构合作，如部分小银行委托 P2P 网络借贷公司开展小微贷款，P2P 网络借贷公司通过小贷公司放款，由保险公司提供信用保险等。表面上看，P2P 网络借贷是个人与个人之间的借贷关系，但由于是“多对多”的服务模式，普遍存在不同程度的资金归集或二次流转过程。我国的 P2P 网络借贷单笔平均借款额度在 10 万元以内，能够促进小微金融服务的发展，具有很好的拓展性。考虑到 P2P 网络借贷主要通过合同方式，而不是公司形式，事实上实现了银行、证券（交易所和证券发行、流通）以及资产管理等功能。

鉴于上述情况，在法律界定上，我国政府宜按照“实质重于形式”的原则，重“行为、功能”，轻“机构”，可将 P2P 网络借贷链条作为一个整体，灵活界定 P2P 网络借贷的性质。当前，我国政府应明确 P2P 网络借贷公司不得以任何形式归集使用或受托管理客户资金，不得以自身名义开展吸收存款、发放贷款业务，与此同时，可允许其根据业务发展需要，在具备条件的情况下申请成为接受严格监管的银行、证券公司、资产管理机构等。

（二）尽快设置必要的行业准入门槛

我国 P2P 网络借贷发展迅猛，网络借贷平台数量众多，但鱼龙混杂，功能和定位不清晰。为适应 P2P 网络借贷的发展趋势、技术特点和监管需求，根据我国目前的监管分工，建议我国政府明确银保监会为 P2P 网络借贷行业监管主体，由银保监会会同有关部门，尽快就 P2P 公司的注册资本、净资产规模、主要经营团队的从业经验和金融专业能力、IT 设备的完备性和安全性、风险管理能力等方面，设置必要的行业准入门槛。

（三）对 P2P 网络借贷行为加强监管

P2P 网络借贷不是以自有资本金吸收风险损失，且不具有系统重要性，并不需要持续关注资本金等审慎监管指标，银保监会等监管主体宜以“行为监管”为主，重点对 P2P 网络借贷行为加强监管。建议，一是要求客户资金由第三方机构封闭托管结算，P2P 公司不宜对共同账户具有直接的控制权。二是对投资者（资金提供方）的投资有强制分散要求（如至少需要投资多少个项目，每个项目投资金额不得超过投资金额和项目总金额的一定比例），对所投资项目的融资规模有上限规定。三是确保项目与投资者之间的严格对应，不在金额、期限上拆分项目，对平台公司参与项目二级转让进行严格限制。四是限制消费类信贷的利率上限。五是建立严格、明确和统一的信息披露制度，如对不良贷款率的计算方法等。六是加强消费者保护，特别是加强消费者隐私信息保护，防止 P2P 公司通过买卖消费者信息非法牟利，防止 P2P 公司恶性讨债。对打着 P2P 网络借贷旗号从事非法集资或金融诈骗的行为，给予坚决打击。

考虑到网络的“非地域性”，对 P2P 网络借贷平台的监管，宜由银监会会同有关部门制定统一的管理办法，地方政府协助开展监管。

（四）优化 P2P 网络借贷的发展环境

建议一是加快线上线下社会信用信息系统的互通共享，构建网络征信体系；二是研究制订部门规章，完善与电子合同、电子签名、电子证据等相关的法律法规；三是引导成立行业协会或产业联盟，加强 P2P 网络借贷行业的自律和互助，规范行业经营，防范挤兑风险。

第五章　移动电子商务应用模式创新分析

第一节　移动电子商务概述

一、移动电子商务的定义及特性

（一）移动电子商务的定义

随着互联网技术的发展，产生于20世纪60年代，发展于90年代，而今在全球范围内快速发展和迅速普及的电子商务给人们的生活方式和社会经济带来了前所未有的变革。

根据“中国报告大厅”的各年度世界电子商务发展研究年度报告，世界电子商务交易额呈现显著增长的趋势，在全球商品交易总额中的比例逐年升高。同时，据报告中阐述，以美国为首的发达国家，仍然是电子商务主力军，以中国为代表的发展中国家电子商务异军突起，日益成为国际电子商务市场的重要力量；其中，B2B电子商务仍占主导地位，B2C、G2C、G2B、C2C等电子商务发展迅猛，呈现多元发展态势。据报告中的预测，在今后的几年中，世界电子商务将继续快速发展，成为经济全球化的助推器。

经过10余年的发展，电子商务具有较深的理论基础，支撑其发展的应用技术也日趋成熟；与此同时，基于电子商务的管理体制也日臻完善，这为移动电子商务的兴起奠定了理论、技术及管理方面的坚实基础。目前电子商务已经提供了许多完善的服务和应用，如网上购物、电子银行、远程教学和资料查询等。但这些服务和应用都是基于固定位置访问的，也即用户只能在固定的场所享受服务和应用。

近年来无线通信与网络技术的发展，为用户提供了一种不同于互联网的数据传输环境，使用户能够随时随地地体验电子商务的服务和应用。在无线通信网络中，移动用户只需利用移动电话（Mobile Phone，MP）、个人数字助理（Personal Digital Assistant，PDA）等无线手持设备（Wireless Hand-held Device，WHD），即可随时随地访问电子商务应用，不再限制于固定场所。这种移动技术的无地域性、便利性和即时性使得移动电子商务应运而生。

移动电子商务（Mobile Electronic Commerce，Me-Commerce）从广义上讲，是指应用移动终端设备，通过移动互联网进行的电子商务活动；从狭义上讲，是指以手机为终端，通过移动通信网络连接互联网所进行的电子商务活动，它又被称为移动商务（M-Commerce 或 Mobile Commerce，MC）。

本书中给出如下定义：移动电子商务是指利用手机、PDA、掌上电脑等移动通信终端设备、通过有线、无线通信技术的支撑，在有线、无线混合的复杂网络环境下所实现的一种快速、便捷的商务活动形式。

从用户角度来看，移动电子商务是指通过连接公共和专用网络，使用移动终端来实现各种活动，包括娱乐、交流、沟通、交易等。

从商务角度看，移动电子商务是一种商务模式的创新，其商务活动中以使用移动终端设备、应用移动通信技术为本质特征。移动电子商务能够实现商务活动的便捷性、及时性，能够最大限度地在自由的商务空间进行沟通、交流，适时地进行商务决策，从而大大提高了商务活动的速度和效率，降低了商务交易成本，形成了新的商业契机。

此外，从管理角度看，移动电子商务也是一种管理模式创新，其不仅改变了信息获取的速度和方式，而且更改了商务对接、合同签订、货款交割、库存管理、物流调度、移动目标跟踪和查询等固有运作、流转的管理方式，给传统的企业管理、营销管理、商务管理带来了巨大的变革。

然而，从本质上看，移动电子商务归属于电子商务的范畴，是在当今社会需求以及计算机、无线通信、移动嵌入式等技术创新和发展的条件下应运而生的一种在移动过程中即可完成商务活动的新型商务模式。

（二）移动电子商务的特性

根据对移动电子商务的定义及多角度视图的分析可知，移动电子商务作为一种新的电子商务交易模式，其主要特性如下：

1. 移动性

作为移动电子商务的最大特点，移动性使得移动用户几乎可以在任何地方获取信息或进行交易，这一点对实时性具有较高要求的应用尤为重要，如股票或期货。作为最典型的应用，以全球移动通信系统（Global System for Mobile Communication，GSM）为基础的通信环境，允许用户在世界各地通过移动设备进行语音或数据的传输等漫游服务；目前迅猛发展的 4G 系统，能够在全球范围内更好地实现无线漫游，并处理图像、音乐、视频流等多种媒体形式，提供包括网页浏览、电话会议、电子商务等多种信息服务。

2. 可接收性

对于使用者来说，可接收性是一项重要的需求。这项特色允许移动电子商务用户不受时间和地域的限制，即时接收服务提供商传送的信息与服务。其次，多数移动设备具备短程无线传输 / 接收功能，如红外线传输（Infrared Transmission）、蓝牙（Blue Tooth）、WiFi 无线通信技术以及支持无线局域网，这些功能给移动电子商务应用的接收提供了便利条件。

3. 安全性

移动电子商务安全技术目前已可提供封闭式端对端的安全套接字技术（WTLS）。同时安装在移动设备内的客户识别模块卡（Subscriber Identity Module，SIM），除了允许使用者随身携带且可任意插入移动设备内使用，还提供个人识别码（Personal Identification Number，PIN）或密码身份验证机制。

4. 便利性

无线移动设备及 SIM 卡内都有存储空间，使用者可以将平时所需的资料存放在设备中随身携带。

5. 定位性

服务提供商通过移动运营商的通信网络，可以随时追踪与定位用户所在区域，提供用户可能需要的区域性服务信息，从而促成使用者完成交易。例如，某商人坐飞机到了新城市之后希望能够接收到一条是否需要宾馆的询问信息，通过进一步的条件输入即可搜索符合条件的宾馆信息，通过筛选便可得到最满意的宾馆。

6. 个性化

相对于个人计算机，无线移动设备具备较高的普及率，同时也更容易提供个性化的服务。服务提供商可以根据用户的消费习惯和爱好，提供用户个性化的应用与服务；移动电子商务的个性化服务，可以精确地提供用户所需的信息，增加用户的交易意愿；结合移动电子商务的定位性，服务提供商可以主动提供区域服务给用户，令用户体验一个全新的商务环境。

7. 即时连接

相对于个人计算机，移动设备无须经过启动和拨号上网，通过 GSM 或 GPRS，用户可以轻松、快速地获取资讯。无线移动设备将成为人们获取信息的首选工具。

目前，移动电子商务因其快捷方便、无所不在的特点，已经成为电子商务发展的新方向。

二、移动电子商务的应用

移动电子商务的应用范围很广，包括从电子订票、自动售货机支付，到通过无线设备实现的各种商品和服务的在线选购和支付，以及金融交易和其他银行业务、移动警务等。目前，移动电子商务遍及制造业、流通业、金融业、农业、军事、国防等诸多行业，取得了显著的经济效益和社会效益。

（一）应用类型划分

由前述可知，移动电子商务有着丰富的应用内容和多种多样的服务方式。为了便于对移动电子商务有更为深刻的了解，下面给出从不同角度进行的类型划分情形。

从服务范围的角度，移动电子商务可以进行商务交易（如购物、支付等）、娱乐消费（如铃声等音频文件、图片、视频文件的下载，以及移动订票等）、移动营销（如手机炒股、手机彩票等）、移动广告（如图片广告、文字播报等）、移动商情服务（如信息定制、咨询调查等）以及移动办公、移动浏览、移动休闲、移动定位等诸多服务。

从信息流向的角度，上述诸多服务大体可以划分为以下 3 类业务范畴。

1. 推业务

推业务主要通过公共信息发布进行服务，其应用领域包括时事新闻、天气预报、股票行情、彩票中奖公布、交通路况信息、招聘信息和广告等。

2. 拉业务

拉业务主要用于信息的个人定制接收。应用领域包括服务账单、电话号码、旅游信息、航班信息、影院节目安排、列车时刻表、行业产品信息等。

3. 交互式业务

交互式业务包括电子购物、博彩、游戏、证券交易、在线竞拍等。

此外，上述诸多服务还可按照商务实现的网络通信技术的不同进行分类，如基于 GSM/CDMA 的移动电子商务、基于 WLAN（无线局域网）的移动电子商务，以及基于卫星通信、集群通信、超短距通信等的移动电子商务；按照商务服务的内涵不同进行分类，如内容提供型移动电子商务、信息消费型移动电子商务、企业管理型移动电子商务、定位跟踪型移动电子商务等；按照确认方式不同进行分类，如密码确认型移动电子商务、短信回复型移动电子商务等。

（二）移动电子商务的典型应用

目前，比较典型的移动电子商务的应用包括手机通宝、手机钱包、小额支付、会易通、随 e 行等。

1. 手机通宝

“手机通宝”是 2010 年中国移动广东公司首创的认证鉴权服务平台，也是基于手机通宝开展的多种电子商务应用服务的统称。基于手机通宝，用户能够安全便捷地进行手机支付、电子票务、网站登录、数字版权业务、公交一卡通等电子商务活动。典型应用包括亚运手机票、手机通宝 - 羊城通等。

2. 随 e 行

“随 e 行”是中国移动面向商务人士、集团客户推出的无线上网服务，移动用户只需在笔记本电脑或 PDA 中插入 GPRS 网卡和专用的数据 SIM 卡即可随时随地接入互联网和企业网，获取信息、娱乐或进行移动办公。在网络覆盖区域，可以随时访问互联网 / 企业网，收发电子邮件或浏览网页等。目前中国移动已在全国近 700 个热点地区提供了网络覆盖，热点地区包括机场、酒店、会议中心和展览馆等商旅人士经常出入的场所。

3. 手机钱包

“手机钱包”是广发银行与中国移动共同推出的一项服务，手机钱包以储蓄卡账户为资金支持，手机为交易工具，将移动用户的储蓄卡账户和手机号码绑定，通过层层加密的技术手段，实现购物消费、代缴费、转账、退货以及账户余额和话费余额查询等功能。

4. 小额支付

一种被称为是移动小额支付的业务正在投入应用，移动用户已经可以利用小额支付业务买彩票和保险等，操作简单方便。当用户购买彩票时，系统首先会查询作为投注金的剩余话费是否充足，确认充足后方可进行彩票购买交易。此外，取消该业务也简单便捷，只需发送“ZX 客服密码”到投注系统即可。

5. 会易通

“会易通”业务是在目前电话业务基础上开发的一种电话增值应用。通过此应用，会议的召开可以不再局限于会议室，会议召集者只要在移动电话中逐个输入会议成员的手机号码，就可召集多方进行电话会议，同时，通过此应用还可以对移动用户群发短信等。

由此可以看出，移动电子商务非常适合大众化的应用。它不仅仅能提供在互联网上的直接购物，还是一种全新的销售与促销渠道，全面支持移动互联网业务，可实现电信、信息、媒体和娱乐服务的电子支付。不仅如此，移动电子商务不同于目前的销售方式，它能完全根据消费者的个性化需求和喜好定制，用户随时随地都可使用这些服务。设备的选择以及提供服务与信息的方式完全由用户自己控制。他们可以在自己方便的时候，使用移动电话或 PDA 查找、选择及购买商品和服务。服务付费可通过多种方式进行，以满足不同需求，可直接转入银行、用户电话账单或者实时在专用预付账户上借记等。

移动电子商务之所以取得如此迅猛的发展，究其原因主要归结于移动电子商务消除了距离和地域的限制，实现在任何地方通过无线技术直接把电子商务能力提供给用户。而且，由于手机所用的 SIM 卡上存储着用户的全部信息，对于移动电子商务而言，SIM 卡就像身份证对于社会生活一样，可以唯一地确定一个用户的身份，所以从某种角度而言，移动电子商务比互联网上的电子商务更具安全性。此外，移动电子商务可以为用户提供方便的个性化服务，因而易于为广大用户所接受。

由上述不难看出，移动电子商务具有广阔的应用领域和应用前景。

三、国内外移动电子商务的发展

目前，随着移动通信基础设施的日趋完善，以及移动终端的日益普及，各种基于移动通信技术、借助于移动终端设备而进行的移动信息访问、移动办公、移动商务、移动休闲等诸多应用在国内外均取得了迅猛发展。

（一）移动电子商务在世界各国的发展现状

1. 移动电子商务在英国的发展

移动电子商务在欧洲国家发展迅速。据统计，2009 年欧洲的网上销售额高达 1437 亿欧元，比上年增长了 22%。其中英国的移动电子商务发展最为突出，2007 年英国 B2C 电子商务的销售额为 932 亿美元，2008 年达到 1166 亿美元，同比增长 25.1%。

2. 移动电子商务在法国的发展

法国电子商务起步较晚（始于 2002 年），但随着计算机和智能手机的普及，廉价优质的网络服务以及网络提供的种种便利，法国网络用户数量激增，移动电子商务迅速发展。2010 年法国网络用户已超过 3800 万人，是 10 年前的近 2.5 倍，而其中有 2730 万以上的用户进行网上购物，2000 万用户使用过网上银行，780 万用户使用过移动媒体（如发送接收邮件、收听广播、使用短信和流媒体内容）。

据法国 FEVAD 公布的年度报告统计，法国零售市场电子商务的发展还处于强劲增长阶段，2010 年法国网上销售营业额为 310 亿欧元，比 2009 年增长 24%。

跟随着移动电子商务的巨大前景，法国许多知名企业也纷纷加入这行列：2010 年 Zara、Kiabi 等商家进入电子商务市场；Toys 在法国建立了网站；PPR 集团还专设了电子商务发展部，家乐福总裁表示要在这方面做得更好。2011 年，法国电子商务市场更加稳固。

3. 移动电子商务在美国的发展

美国是最早发展电子商务的国家，同时也是电子商务发展最为成熟的国家，一直引领全球电子商务的发展，是全球电子商务的成熟发达地区。

在美国，移动通信在移动数据、手机音乐、手机上网、虚拟移动通信、手机电视、手机应用多样化、网络融合及对固话的替代等方面都取得了很快的进展。

用手机收发电子邮件在美国很盛行，最有名的是 BlackBerry（黑莓）手机有类似计算机键盘的装置，用手机可运行微软的办公软件、支持可移植文档（pdf）格式，还可以进行页面浏览，因此深受商务人士的青睐。

2006 年上半年美国网上商品零售额已经达到 493 亿美元。有 5000 万名手机用户利用手机支付用于购买收费信息、商品以及信息服务方面的费用，这个数字相当于美国人口的 17%，相当于全部手机用户的 26%。艾瑞咨询整理 US Census Bureau 发布的数据后发现，2009 年美国网络购物交易规模为 1441 亿美元，较 2008 年增长 1.6%；而 2010 年美国网络购物交易规模达到 1624 亿美元，同比增长 12.7%。

4. 移动电子商务在韩国的发展

韩国是全球移动互联网最为发达的地区之一，韩国政府一贯大力支持信息产业的发展，其良好的市场环境、产业链上下各方的紧密合作使其移动电子商务产业得以蓬勃发展。据 Juniper Research 的数据显示，2010 年，韩国移动支付市场的规模达 1700 亿美元。占据韩国移动电子商务领导地位的是 3 家公司：SK、KTF 和 LGT。

SK 是韩国最大的移动通信运营商，它最先将 CDMA 和 CDMA2000lxEV-DO 网络进行商业化和市场化运营；该公司同时运营 WCDMA 网络，并于 2006 年 5 月正式开通了 HSDPA 网络；此外，SK 也积极参与 TD-SCDMA 和超宽带（Ultra Wideband，UWB）技术的研究推广。SK 占据了韩国移动通信 50% 以上的市场份额，拥有 2000 多万用户；其 2007 年实现销售额 11.28 万亿韩元（年增幅 6%），营业利润 2.17 万亿韩元，当期纯利润 1.64 万亿韩元；无线互联网业务收入年增长 2.5% 达到 2.8 万亿韩元。

为了配合业务的发展，韩国普遍采取定制手机的策略，三星、3COM、LG、SK Teletech 等终端厂商，按照运营商的要求提供各种功能强大、针对性强的终端设备。

近年来，越来越多的移动用户通过手机实现 POS 支付、购买地铁车票、完成移动 ATM 取款等，移动支付在韩国正日渐风行。

5. 移动电子商务在日本的发展

全球移动电子商务发展速度最快的是日本，NTT DoCoM 推出的 I-Mdoe 堪称最成功的典范，用户已经突破 1300 万。因为日本的电信运营商加强与内容提供商的合作，即使是最受欢迎的网站也可在主页上允许这些内容提供商作离线广告；日本的支付方式采用预付模式，所以比较容易多获利；服务商一方面可以通过用户收取和发送的数据来收取费用，另一方面可从它们的收费方式中获得一定的利润。移动商务的应用范围包括机场自助检票、娱乐场所门票、交通支付等，可在手机上查看余额、银行转账，通过移动网络充值等。

日本总务省发布的 Me-Commerce 市场规模的有关统计结果显示，2005 年的市场规模同比猛增 39%，达 7224 亿日元；其中发送铃声等移动内容的业务同比增长 21%，达 3150 亿日元，处理邮购、预订和购买演出门票、飞机票、火车票等移动商务业务同比增长 57%，达 4074 亿日元。截至 2010 年第 1 季度，日本移动互联网用户已达到 9010 万。目前日本移动通信市场已进入成熟期，其运营商把重点放在挖掘通信收入以外的其他收入增长点上，其竞争主要在音乐、游戏及危险情报信息提供等业务领域展开。

（二）国外著名通信公司移动电子商务的发展现状

1. 摩托罗拉

摩托罗拉对移动数据业务有着深入的理解，很早就意识到电子商务将走向技术与业务相结合、互动的新模式。为了实现“无缝移动”转型，摩托罗拉收购了象讯宝、Good Tech 等全球一流的电子商务及行业解决方案企业，并积极进行公司内部整合，配合电信运营商开拓增值用户、行业市场以及附属渠道。

在移动电子商务应用发展的过程中，摩托罗拉逐渐认识到移动产业链在移动增值业务中主要地位，将增值业务产业链划分为运营商、系统及终端设备制造商、内容及应用集成商等利益主体，而移动增值业务、行业应用与各方角色相互协作共同发展。

在众多的移动电子商务增值业务中，摩托罗拉针对移动支付，推出了 i-SIM 解决方案。i-SIM 是一种与智能 SIM 卡应用有关的移动技术，它将 i-SIM 卡（King Sub）、手机 SIM 卡（Queen Sub）二卡合一，实现了单机双号、智能拨号、移动支付等功能，增强了手机增值业务能力。此外，i-SIM 还能够透明地控制及传输，符合 STK（Sim Tool Kit)、Java Card 等标准，具有手机设备无关性；在扩展了 RF 功能之后，i-SIM 还可以实现近端通信。

除了 i-SIM 之外，2006 年摩托罗拉还发布了 M-Wallet（手机钱包）软件与后端处理系统。M-Wallet 将用户手机作为随身钱包，存储信用卡、借记卡、储值账户等信息。交换中心控制所有交易，提供用户特定接口访问银行网关，并承载用户的请求消息以及引导授权与结算数据。M-Wallet 的特点包括：能够绕过金融网络实现资金转账的能力；支持 P2P 支付以及电子礼券下载与消费功能；用户可从多种金融账户向运营商与内容服务商的虚拟账户进行充值；可以不必携带多种银行卡，通过一部手机安排所有财务处理；可方便快捷地利用手机进行购物、购票及支付费用等。

同时，用户的使用行为可以反馈到摩托罗拉网络数据统计库。通过将运营商的营销需求与网络数据分析综合统计，从理性的角度对用户行为进入深一步了解，并发现、寻找新客户新业务，是整套 i-SIM 解决方案的增值指导系统，提供了全面的端到端服务和整套无缝移动解决方案，行之有效地帮助运营商提高 ARPU（每用户平均收入）值。

2. 爱立信

作为移动电子商务标准的制订者之一，爱立信公司针对移动电子商务的发展开发了 Mobile e-Pay 解决方案。爱立信公司的 Mobile e-Pay 将移动通信网络、互联网、在线支付和安全技术有机地结合起来，为移动电子商务提供了一个完整的解决方案，它的推出大大推动了移动电子商务市场的发展。Mobile e-Pay 支持标准支付接口 Jalck 支付、信用卡支付、Mobile e-Pay 预付账户 、银行账户 / 借记卡支付等支付方法。

Mobile e-Pay 是一个可伸缩的模块化方案，它不仅易于安装和使用，而且能够为移动终端和网络技术的未来发展留有余地。Mobile e-Pay 方案包括用于访问移动网络和互联网（通过 WAP 或 SMS 通信）的功能，以及与安全和支付相关的其他功能。

Mobile e-Pay 的基本功能是支持使用移动电话来完成金融交易并与后端系统联系。在需要进行浏览时，移动终端与内容提供商通过网关（如 WAP 网关）进行通信。当内容提供商将移动终端发出的请求（认证或签名操作）指引到 Mobile e-Pay 时，Mobile e-Pay 对该请求进行处理并且将结果返回给内容提供商。

3. 诺基亚

诺基亚多媒体信息服务（Multimedia Messaging Service，MMS）属于端到端应用，用于进行个人间的移动信息传递。MMS 不仅能够提供点对点业务，还能够提供手机和互联网之间的通信，它能提供丰富的多媒体内容，包括图像、音频和视频、数据与文本。

诺基亚认为向多媒体信息服务的演进是以成熟的 SMS 模式为基础，逐步附加新的功能和内容类型。这种方式使用户更容易理解新添环节，从而鼓励他们接受 MMS，最终造就业务的高速增长和较高市场占有率。

诺基亚开发并推出 Nokia One 移动电子邮件解决方案。该方案主要由 Nokm One 移动接入服务器组成，可以使企业自由选择各种设备、交付选项和开发方法，为员工提供移动办公的便利，使其在外出期间也能接收电子邮件、浏览内部网、使用个人信息管理系统或其他应用。

诺基亚的 Nokia One 移动电子邮件解决方案的重要功能如下：

①随时保持联络，掌握电子邮件接收情况；

②提供最新日历和联系人信息；

③查看重要约会和其他任务；

④保证安全。

此外，诺基亚还是移动电子交易（Mobile Electronic Transaction，MET）计划的发起者，该计划的目标是创建一个交易框架，能保证用户利用移动设备安全地实现移动电子交易，不受设备、业务和网络的限制。切实可靠的安全性是服务提供商和用户共同关注的焦点，现实的挑战是在实现安全性的同时又能做到方便、易用。

（三）移动电子商务在国内的发展现状

随着社会化大生产和市场经济以及全球经济一体化的发展，我国迫切需要电子商务，尤其是不受地点和时间影响、不受气候和环境限制的移动电子商务。近些年来，国内经济持续稳定增长，人民收入水平提高，令移动电话有了一定的物质基础。国家的扶植政策，使移动电子商务迅速发展成为可能。此外，复杂的自然地理环境和多发的自然灾害使我国发展移动电子商务比发展有线的电子商务更有意义。我国地域辽阔，地质条件复杂，2/3为山地、丘陵和高原，在这样的地区，尤其在人员稀少的地方，架设有线线路和铺设光缆成本高、组网难，形成规模经营更难。而这些地区经济正在启动，资源有待开发，产品需要外销，因而移动电子商务比较适用。

移动电子商务在我国最初是以短信为主要营销方式，随着中国移动推出短信业务后，中国移动增值业务市场正式启动，并迅速成为中国移动运营商最大而且也是发展最快的移动增值业务之一。之后，随着无线通信与网络技术的迅猛发展，短消息技术、无线应用协议（WAP）等愈加成熟，移动电子商务在中国的应用开始由简单的横向应用转向复杂的纵向应用。2007年5月，用友移动投资开通“移动商街”，建立中国移动电子商务第一门户；2008年2月，北京奥软科技有限公司推出“无线商街”，打破该市场垄断格局。2008年2月，电子商务巨头阿里巴巴集团旗下两大子公司淘宝网和支付宝联合推出“手机淘宝”，宣布进军移动电子商务。同年年底，中国移动和中国银联的合资分司联动优势推出“手机钱包”新业务平台，为用户提供安全、便捷、时尚的支付手段。2009年3月，阿里巴巴再次推出移动版“诚信通”，加强布局移动电子商务。

2009年1月，工业和信息化部为中国移动、中国电信和中国联通发放3G牌照，中国移动电子商务正式进入3G时代。2009年全年，中国移动电子商务实物交易规模保持快速增长，达到5.3亿元，同比增长248.7%。2010年，中国移动电子商务实物交易市场继续保持快速发展态势，市场规模达到22.6亿元。

艾瑞咨询认为，传统电子商务的发展已经为移动电子商务发展奠定了良好的基础。在PC端，传统电子商务经过10多年的发展，已经解决了商家信用、货款支付等用户普遍关心的交易问题，电子商务在中国消费者中已经成为一种时尚和重要的消费习惯。用户基于对电子商务的了解，可以很快地对移动电子商务加以认可和接受。

随着移动电子商务应用意识和习惯在社会中的培养，移动电子商务服务将成为移动互联网用户生活中普遍使用的服务，中国移动电子商务用户规模将在未来 2~3 年进入快速增长的阶段。

（四）国内著名通信公司移动电子商务的发展现状

1. 中国移动

中国移动主要经营移动话音、数据、IP 电话和多媒体业务，并具有计算机互联网国际联网单位经营权和国际出入口局业务经营权，拥有“全球通”“神州行”“动感地带”等著名客户品牌。针对用户多样、个性的信息化需求，中国移动确立了信息化定位：坚持移动的导向，坚持终端的导向。目前中国移动的移动业务主要有以下几项。

（1）中国移动网上营业厅

中国移动网上营业厅是中国移动提供给客户进行业务受理、营销推广、信息查询的网上自助平台，是中国移动提供的最核心的服务。中国移动网上营业厅分为全球通、动感地带、神州行、集团客户专区等 4 个自助网上营业厅，服务范围主要包括话费服务、积分计划、在线客服、业务办理、短信息服务和个人信息管理等业务。移动用户可以在网上营业厅在线申请、定制、查询、变更各项服务，还能利用网上银行进行手机充值。网上营业厅几乎涵盖了所有无须硬件交互的服务，用户无须在实体营业厅排队，即可享受 24 小时不间断服务。同时移动公司开通了 10086 免费客服电话和免费短信方便用户自助办理业务。

（2）飞信

飞信是中国移动推出的一款类似于腾讯 QQ 的移动实时通信工具，已成为中国移动一大优势产品。飞信融合了语音（IVR）、GPRS、短信等多种通信方式，覆盖了完全实时、准实时和非实时三种不同形态的客户通信需求，真正实现了互联网和移动网间的无缝通信服务。飞信的特点如下。

①飞信除具备聊天软件的基本功能外，还可以通过 PC、手机、WAP 等多种终端登录，实现 PC 和手机间的无缝即时互通，保证用户能够实现永不离线的状态；

②飞信提供了免费从 PC 给手机发短信、能够随时随地与好友语聊、享受超低语聊资费等多种强大功能。同时能够满足用户以匿名形式进行文字和语音的沟通需求，在真正意义上为使用者创造了一个不受约束、不受限制、安全沟通和交流的通信平台；

③飞信提供了无缝链接的多端信息接收功能，实现了 MP3、图片和普通 Office 文件都能随时随地任意传输，让您随时随地都可与好友保持畅快有效的沟通；

④飞信还附带有飞信群、飞信群空间、飞客，功能分别类似于 QQ 群、电子论坛（bbs）、博客。

但飞信也存在一些不足之处。飞信短信的发送有时会延迟一两个小时，这导致用户不敢轻易使用飞信发送时效性特别强的短信。同时飞信使用普通短信形式发送时，一条 80 字的短信会被拆分成 3 条短信发送，读起来非常不方便；使用长短信形式发送时，有些手机会收到乱码甚至收不到该条短信。由于飞信发送信息的便捷性和免费性，而手机用户回复时要付费，而且手机文字输入比计算机文字输入要慢得多，造成飞信用户和手机用户处于不平等的地位，使得手机用户并不太有兴趣与在线的用户进行交流；手机用户回复的信息只能保存在计算机的聊天记录中，无法保存在手机里。另外，飞信的文件传输速度暂时还比不上 QQ。

（3）中国移动应用市场

中国移动应用市场（Mobile Market，MM）是中国移动在 3G 时代为超过 5 亿用户打造的综合服务平台，于 2009 年 8 月 17 日正式发布。客户登录 MM 之后进入其网站，可以随身体验、下载和订购游戏、软件、主题等数万款手机应用，以及音乐、视频、图书等超百万款数字商品，并方便查询办理移动业务。

（4）移动 139 邮箱和 139 说客

139 邮箱是中国移动提供的新一代电信级服务质量的电子邮件业务，是以 @139.com 为后缀的免费邮箱。它具备常规互联网基础邮箱功能，又充分发挥手机的优势，让用户可以方便直接地通过手机短信、彩信或者 WAP 上网等方式，随时随地收发和管理邮件，将办公移动化进行到底。139 邮箱为用户提供安全、稳定、快速、易用、个性化的高品质移动电子邮箱服务的同时，实现了手机和邮箱高效互通。

139 说客是中国移动为手机用户打造的分享沟通平台，是中国移动公司推出的微博。139 说客为用户提供 G3 通话、在线发短信、邮箱以及网盘等融合通信服务。用户登录后，还可以使用其通信管家、短信珍藏等网络服务。

（5）无线音乐

中国移动无线音乐俱乐部是为广大中国移动用户提供的一站式音乐体验新平台，包括音乐下载、音乐共享、音乐传播、音乐交流等服务。无线音乐业务是用户利用手机等通信终端，以 SMS、MMS、WAP、IVR、WWW 等接入方式获取以音乐为主题内容的相关业务的总称，无线音乐业务以无线音乐俱乐部为核心业务，具体包括现有的彩铃、振铃、无线音乐俱乐部、无线首发、无线音乐搜索等业务。

2. 中国联通

依托独有的 CDMA1X 强大的数据业务支撑优势，中国联通建立针对不同用户的移动商务。目前中国联通的移动业务主要有：

（1）沃商店

沃商店（Wo Store）是中国联通推出的一个应用程序商店平台。“沃商店”适用于诺基亚、索尼爱立信、三星、黑莓、摩托罗拉、联想、酷派、中兴、华为等近 20 个品牌、600 多种型号的手机终端。目前可供用户选择的应用程序分为游戏、阅读、娱乐、生活等六大类别，应用程序数量达到 2200 多款。在支付方式上，沃商店采用了中国联通的专用实时在线通信账户（沃账户），用户可以使用联通一卡充、银行卡等方式给自己的沃账户实时充值。

（2）内部通信服务

内部通信服务通过综合语音虚拟网平台，将集团内的联通 GSM 网、CDMA 网、集团内部固定电话组合成一张虚拟网；分配特定的 CDMA 号码作为企业的移动总机号码，当客户拨打该企业移动总机号码时，系统可通过人工或电脑语音方式，实现至员工的手机或固定电话的转接。中国联通可为企业提供电路（ATM/FR，DDN）及光缆的租用服务；企业可通过多种方式经联通本地传输网接入中国联通长途电话网或 IP 电话网，还可实现互联网专线接入；企业可以随时随地召开省内、国内或国际的电话会议，无论员工身在何处，只需使用事先约定的电话会议号码和密码，即可参加公司会议；此外，可以通过在企业各地分支机构放置视讯终端召开全国乃至世界范围内的视讯会议。

（3）企业移动办公

中国联通为企业建立安全的虚拟专用网（VPDN），实现全国无缝连接的无线移动企业办公。企业短信是中国联通专为企业 / 集团客户量身订制的专业化短信群发服务平台。通过该短信平台，企业可通过短信方式向员工发布企业内部会议通知，进行工作调度与派单，实现公文流转，信息公布等日常经营管理工作。中国联通提供电信级综合邮件服务，可提供企业办公助理的功能；支持个性化域名、个性化界面，使企业形象更加个性；还具备邮件到达短信免费通知、日程安排提醒、大容量附件上载等功能；企业邮箱还可与 CDMA 手机的彩 e 功能绑定，用户可通过手机随时随地查阅邮件，使企业办公更加便利、快捷。

（4）行业服务

“交通新时空”和“定位之星”：主要包括交通道路无线监控系统、车辆导航系统、公交车监控与调度系统、泊车咪表电子收费系统等。

“海洋新时空”：主要包括渔船监控调度系统，可以实现超远程语音服务、渔政信息发布、紧急遇险求助等。

“警务新时空”：可以实现移动警务查询、移动定位系统、无线电子监控系统、违章信息查询、呼叫中心等。

“物流新时空”：主要包括物流配送信息系统，可以实现物流信息查询、呼叫中心的功能，可以通过 WAP、短信、定位等技术实现货物的发送、运输、接收等一系列物流配送流程等。

“银行新时空”：主要包括 CDMA1X 无线 POS/ATM 系统、运钞车定位系统、运钞车调度系统、手机银行、移动投诉信息系统等。

“邮政新时空”：主要包括邮政物流调度管理系统、邮务通、手机银行、移动投诉信息系统、客户服务中心等。

“农村新时空”：主要通过整合各种农业信息，以短信息、移动互联网等方式发到农民的手机上，同时帮助农民进行线上和线下的交易。目前，中国联通开始在全国范围内推广“农业新时空”项目。

（五）移动电子商务的发展趋势

移动电子商务作为一种新型的电子商务方式，利用移动无线网络的优势，将网络、移动通信技术和其他技术完善地结合，对传统电子商务进行了有益补充，使用户可以随时随地进行网上购物与交易、在线电子支付以及进行各种交易活动，因此受到众多客户的青睐。随着计算机技术和移动通信的发展，移动电子商务正成为人们生活中不可缺少的一部分，其未来发展趋势可归结为如下五个方面。

1. 企业应用将成为移动电子商务领域的中心

面向企业用户的服务和应用一般可以快速赢利，但由于企业数量有限所以发展空间不大；而面向个人用户的服务和应用则正好相反，虽然单次赢利较少，赢利速度较慢，但一旦业务成熟，必定吸引众多用户，发展空间巨大。而移动电子商务目前正处于快速发展时期，必须基于稳定性强、消费力大的企业应用，因此企业应用必将成为移动电子商务领域的中心。

2. 信息服务将成为移动电子商务的主要应用

目前，我国正处于由工业社会向信息社会过渡的转型期，在这一时期，信息社会发展将呈现新的趋势和特点。在移动电子商务中，虽然主要目的是交易，但是实际上在业务使用过程当中，信息的获取对于带动交易的发生或是间接引起交易是有非常大的作用的。例如，用户可以利用手机，通过信息、邮件、标签读取等方式，获取股票行情、天气、旅行路线、电影、航班、音乐、游戏等各种内容业务的信息，而在这些信息的引导下，有助于帮助客户进行电子商务的业务交易活动。因此，信息服务将成为今后移动电子商务发展的重点。

3. 安全性问题仍将是移动电子商务中的巨大机会

由于移动终端的移动性，移动终端很容易被破坏或者丢失，势必造成安全影响，甚或安全威胁。同时，移动电子商务基于移动通信系统的无线数据通信技术，而无线通信网络是通过一个开放的信道进行通信，无法像有线网络那样依靠信道的安全来保护信息，这就使得它在给无线用户带来通信自由和灵活性的同时，也带来了诸多不安全因素。在这样的大环境下，有关安全性的标准制定和相应法律出台必将成为趋势。

4. 移动终端的机会

随着终端技术的发展，终端的功能越来越多，而且考虑人性化设计的方面也越来越全面，例如，显示屏的改进要求实现更加接近传统 PC 互联网上的界面，能够让用户清晰地看到网上交易涉及商品图片的信息。随着智能终端逐渐普及，手机更新升级成为小型 PC，功能越来强大，使得移动电子商务业务的进行变得更加便利又不失随身携带。以后终端产品融合趋势会愈加明显，你很难清楚界定手上这个机器是手机还是电子书还是 MP4，在你手上它就是一个有应用价值的终端，就看消费者的需求方向。移动电子商务对许多人来说，已经不是一种时髦，而是一种生活和职业需求。

5. 移动电子商务将与无线广告捆绑前进

无线广告以推动企业产品和服务为目的，以手机用户为营销对象，以手机短信、彩信和 WAP 作为信息载体，利用手机的即时性、随身性、个人性和私密性等特点，进行精确、互动、无处不在的广告营销模式，是继电视、广播、报纸、互联网之后的第五大媒体。在过去的发展过程中，移动电子商务与无线广告可能有些割裂，但其实二者是相辅相成的，任何一方的发展，都离不开另外一方的发展。二者完美结合，就可以促进无线营销的快速发展。

总的来说，移动电子商务的各种发展条件已经成熟或正在成熟，其发展前景将会是十分诱人的，而且具有独特的性质。表面上，技术的进步和安全性问题的解决在促使移动电子商务沿着传统的电子商务一样的方向发展。但实际上两者是有区别的：电子商务是发展成电子商业(e-business)，而其中 B2B 应用又要比 B2C 应用更普遍。而在移动电子商务里面，却可能走另外不同的模式。银行服务、股票交易和各类订票将是驱动这个市场发展的主要因素。

四、移动电子商务的体系模式

由前述移动电子商务的定义、特点及其应用可以看出，虽然移动电子商务的概念衍生自传统电子商务，但不能简单地将移动电子商务看作传统电子商务的扩展。在移动电子商务环境中，移动用户必须先向移动运营商申请无线上网服务后，才可利用移动设备上网与网络上的服务提供商连线，进而才能随时随地获取所需的信息与服务。

服务提供商在移动运营商的支持下，借助有线无线相结合的通信网络将各种移动服务提供给移动终端用户。

移动电子商务与传统电子商务的本质区别在于其服务对象的移动性、服务要求的即时性、服务终端的私人性和服务方式的方便性。此外，与传统电子商务相比，移动电子商务具有更为广阔的发展空间，因而能够充分利用最新的移动通信技术派生出许多更有价值的商业模型。

（一）移动电子商务的商业模型

移动电子商务的商业模型主要包括移动网络运营商、网络设备提供商、移动终端提供商、内容提供商等参与者，他们以移动用户为中心，以移动网络运营商为主导，在一定的政府管制政策限定下开展各种活动，以实现自己的商业价值。下面将简要阐述一下移动电子商务的商业模型。

1. 商业模型的参与者

移动电子商务商业模型的参与者可细分为提供操作系统和浏览器技术的平台供应商，提供网络基础设施的设备供应商，提供中间件及标准的应用平台供应商，提供移动平台应用程序的应用程序开发商、内容提供商、内容整合商，提供应用整合的移动门户提供商、移动运营商和移动服务提供商等。

移动电子商务交易的主要参与者包括以下 4 类。

①移动用户：移动电子商务交易主要服务的对象，自身位置可能在不断变化，要求商务交易也不受时间、地点的约束。

②内容提供商：接收移动用户请求，并通过无线局域网网关向移动用户提供特定、预订的内容，如天气预报、新闻、游戏等。

③移动门户：移动电子商务的交易平台，商家可通过移动门户实时发布信息、提供服务，移动用户可以通过移动门户随时随地访问，接受服务和进行交易。

④移动网络运营商：移动电子商务中的核心参与者，可能是移动网络服务供应商，也可能是一个中介、一个门户或者一个可信任的第三方，这取决于其在移动电子商务价值链中所起的作用。

2. 主要商业模型

随着互联网与移动通信技术的快速发展和融合，移动电子商务在传统电子商务基础上得到了迅速发展，并形成了初具规模的商业模型。根据上面介绍的移动电子商务交易的主要参与者，可以将移动电子商务商业模型分为内容提供商模型、移动门户模型，WAP 网关提供商模型和服务提供商模型等。

（1）内容提供商模型

内容提供商模型中，企业拥有内容的版权，通过移动门户或直接向移动用户提供内容服务（如定位服务、交通信息服务、股票交易信息服务等）来获取利润。这种商业模型一般适合开发移动终端设备的规模较小的公司或个人。

（2）移动门户模型

移动门户模型中，企业通过向移动用户个性化和本地化的信息服务赢利。所谓个性化服务，即企业提供信息服务考虑到了包括移动用户当前位置在内的所有与用户相关的信息，如用户个人信息、兴趣爱好、过去的消费行为等。所谓本地化服务，即企业提供的信息服务与用户的当前位置直接相关，如宾馆预订、位置查询、定位服务等。

（3）WAP 网关提供商模型

WAP 网关提供商模型类似于互联网电子商务中的应用程序服务提供商（Application Service Provider，ASP）模型。在该模型中，提供商与企业签订服务协议后，向企业提供所需 WAP 网关服务，并收取一定费用。

（4）服务提供商模型

服务提供商模型中，企业直接或通过移动门户、WAP 网关提供商或移动网络运营商渠道向移动用户提供服务。企业提供的服务主要来源于（1）中内容提供商提供的服务。

上述商业模型与互联网电子商务中的商业模型（如支付服务提供商、金融机构）及（1）中涉及的参与者相结合，便构成了移动电子商务商业模型。每个参与者选择商业模型时，在力求获取最高利润的同时，必须兼顾商业模型的核心竞争力以及移动电子商务环境的特征等因素，考虑能否提供服务，使移动电子商务交易中的移动用户、商家和服务提供商都能实现预期的价值。只有这样，参与者才能获得稳定的客户，移动电子商务才能迅速发展起来。

3. 移动电子商务价值链

价值链理论认为，现代企业可以看作为了满足客户需求而建立起来的一系列有序作业的集合体。各种作业之间实际上形成了一个始于供应商，经过企业内部，最终服务于客户的作业链。这些作业伴随着价值的产生和成本的消耗，进而形成一个价值链。公司内部的价值链通过采购与供货商的价值链发生联系，直到最初的原材料供应商；同时通过销售以售后服务作业与客户价值链发生联系，直到最终客户，由此形成产业价值链。目前，移动电子商务领域已经形成了比较成熟的产业价值链。

通过价值链分析，可以把移动电子商务看作两个截然不同的行业的有机组合，即移动通信承载服务和多媒体 / 内容 / 应用软件服务。移动电子商务各参与方为了最大地获取自己的商业利益，以移动用户的需求为中心在开展电子商务的过程中担当着不同的商业角色。

（1）内容提供商

内容提供商主要将网络上有价值的信息通过移动通信网络传送给特定用户。例如，路透社（Reuters）通过 Ericsson 和 Nokia 等合作伙伴或利用 Yahoo 网站来传送信息；Olympic Worldlink 推出的 Mobile Futures 服务，可以提供即时（real-time）的金融市场、政治等新闻资讯。

（2）基础设备提供商

基础设备提供商主要提供移动通信所需的基础设施，主要分为移动设备操作系统和微浏览器。目前移动设备的操作系统很多，如 Google 基于 Linux 平台开发的 Android 系统，苹果公司为 iPhone 开发的 iPhone OS，三星公司推出 bada 操作系统等。移动设备的微浏览器目前流行的有 GC 浏览器、Opera 浏览器、YoYo 手机浏览器、UC 浏览器和 iPhone 手机浏览器等。同时基础设备提供商还提供无线上网所需的中间件，如 WAP 网关，Phone，com、Nokia、Ericsson 都有自己的 WAP 协议栈。

（3）移动服务提供商

移动服务提供商针对不同的用户需求提供个性而多样的服务，如移动短消息、移动娱乐平台、移动博客平台、定制终端内置的业务菜单等。移动服务提供商还可与移动运营商签约，将其服务添加到入口网站甚至嵌入 SIM 卡。日本 NTT DoCoMo iMode 的官方网站（official site）、中国的移动梦网都属于这种类型。

（4）移动门户提供商

移动门户提供商是政府、企业或个人在手机移动终端搭建的以行业资讯、产品展示、生活服务等为内容的信息交流平台，它直接面向手机用户群体，是移动互联网上的智能信息互动渠道。

（5）终端设备提供商

终端设备提供商是移动电子商务价值链中最重要的角色，因为一般用户并非以移动服务和移动运营商为挑选对象，而是以移动设备的制造商品牌为主要选购因素。从移动电子商务的角度来看，即使可以在移动设备内嵌入 GPRS 或 W-CDMA（Wideband-Code Division Multiple Access）等高带宽的移动通信技术，手机制造商总是以市场需求和降低库存为运营策略，导致移动电子商务的发展困难重重。因此，Durlacher 研究机构认为，当具有音乐下载、视频欣赏、游戏娱乐等功能需求的移动设备被设计生产出来的时候，即为移动电子商务蓬勃发展的最佳时机。

（6）移动网络运营商

移动网络运营商为移动用户提供各种通信业务，实现对运营商网络（包括其他运营商网络、互联网）的接入，也提供各种网络相关的业务，如位置信息、用户身份认证等。例如，Marnies mamu Orange、中国移动、中国联通等移动运营商积极推行新的无线服务，并扮演移动电子商务入口网站的角色，通过对用户发行 SIM 卡，为用户开通服务，使用户可上网到入口网站。

（7）移动用户

对移动用户来说，移动电子商务尚是一项全新的体验。大部分移动用户还只是局限于使用语音通信、SMS message（短信）和无线上网业务等。如何提供一个实用的服务、友好的输出输入界面、合理的收费标准以及安全方便的支付方式是移动电子商务研究的热点问题。

移动电子商务价值链中各参与者的关系：

①整个价值链上的企业所获得的利润都来自移动用户。每个移动电子商务价值链的参与者都想在整个移动电子商务中起主导作用，从而控制整个价值链，使自己在竞争中处于有利地位。

其中，移动网络运营商凭借其客户资源、品牌优势、网络实力成为主导地位竞争的最终胜利者。

②移动网络运营商在移动电子商务中扮演十分重要的角色，不仅提供移动门户提供的所有服务，而且提供一些附加服务，如以折扣的形式向用户提供由不同供应商提供的商品或服务的组合；作为支付入口，用户通过入口与运营商交易，当用户对商品或服务不满意时促使运营商退还支付；向提供商提供安全和支付服务；帮助用户从不同的提供商处购买多种商品等。

③移动电子商务价值链与传统互联网电子商务价值链不同。在传统互联网电子商务环境中，电信运营商的作用是提供网络接入能力，电信网络仅仅作为一种接入手段，为客户、应用服务提供商、商业机构、银行之间的通信提供了桥梁。电子商务网站提供的商务业务不受运营商控制，运营商得到的仅仅是用来完成整个业务流程的上网费用，而服务费用全部被应用服务提供商获取。因此，在互联网电子商务价值链中占主导地位的是应用服务提供商，而非电信运营商。

（二）移动电子商务的体系架构

一般来说，移动电子商务可分为“服务”与“基础设施”两个部分。“服务”领域指提供各种商品与服务交易的应用或商业模式，“基础设施”领域则包含安全、运营、移动内容和政策等四个基础设施。

移动电子商务的安全基础设施主要是建设各种无线应用服务所需的安全机制，提供一个安全公平的商务环境；运营系统基础设施提供移动电子商务的通信传输网络，并建立语音与移动数据传输的计费标准；移动内容基础设施提供移动数据的输入输出格式与编码转换标准。移动电子商务的进行必须遵守政府的法律制度，以确保商务活动的正常秩序。

电子商务交易环境包括互联网、企业内部局域网和金融网络，可以统称为有线网络，而移动电子商务环境包含了有线网络和无线网络。移动用户利用移动设备通过移动运营商的通信网络，不受时间和地域限制，存取通信网络和互联网提供的内容和服务。

移动电子商务是在有线、无线混合网络环境下的复杂商务活动模式。有线环境下的一般用户通过互联网网络在银行、电子商务认证中心（Certificate Authority，CA）、内容服务提供商的支持下实现电子商务活动。移动用户借助其便携终端，通过访问无线网络并在移动运营商的支持下接入互联网以实现移动电子商务活动。

五、移动电子商务发展中存在的问题

（一）移动终端自身的局限性

移动电子商务可利用轻便易携带的无线移动设备进行浏览和存取网络上的资源，进而提供一个不受时间与空间限制的商务环境。然而，移动设备的轻便和易携带的特性同时也给移动电子商务的发展带来了许多不便和限制。相对于个人电脑，移动终端目前有如下限制。

1. 屏幕显示能力

移动设备为满足适合携带的需求，目前设计的趋势以讲究设备体积轻薄和短小为主，因此屏幕显示能力有限。如何将电子商务的显示界面缩小，结合移动设备的个人化特性，迅速且精确地提供用户所需的信息，缩短用户浏览搜索资料的时间等，将是移动电子商务应用设计应考虑的主要因素。

2. 运算能力

与个人计算机相比，移动设备所配备的微处理器主频低，体积有限，散热问题难以解决，并不适合复杂的运算处理，因此，普通电子商务环境中使用的复杂度高的加解密与签名运算并不适用于无线移动环境。如何设计高效率且安全的密码技术是移动电子商务交易环境的重要课题。

3. 存储空间

移动设备与SIM卡的存储空间与个人计算机相比十分有限，无法在移动用户端存储很多的资料，因此移动电子商务交易环境应考虑如何简化交易所需的数据量，或考虑如何利用远程服务器来存储资料。

4. 电池持续能力

电池是移动设备运转的能量来源。目前的电池仅仅能够提供数小时移动电子商务交易的执行，执行高复杂度的交易所耗电池更多。因此如何提高电池的持续能力，同时合理设计移动电子商务交易应用程序，缩短处理时间，提高运算效率等，都是移动电子商务发展必须克服的困难。

5. 输入界面

由于无线移动设备最初的用途是语音通信，并且体积小，因此输入界面简易，输入信息不方便。因此，移动电子商务应用的设计应尽可能降低用户所需输入的数据量，减少用户输入错误的概率，考虑各种人群的习惯，提供友好的输入接口，以提高用户的使用意愿，避免用户因输入麻烦放弃移动电子商务。

（二）移动电子商务的技术制约

目前国内外对移动电子商务的研究主要集中在移动支付方式上，已经存在许多解决方案，大致可分为预付费支付、微支付、信用卡支付、EMV（简易移动值）支付、瘦钱包支付、钱包代理支付、C-SET形式的卡集成钱包支付、端到端安全支付、WPKI（公开密钥）安全支付等形式。但这些支付模式的共同特点是直接面向具体的业务，适应能力不强，不适合统一推广使用。

从信用角度来看，由于法律、市场运作和技术上的制约，还没有一个适用于移动电子商务的信用体系解决方案，虽然现在一些银行已经开始进行在线支付、开办移动银行业务等方面的试点，但在信用制度还不完善的情况下，要解决移动电子商务中的信用问题是比较困难的。

从技术角度来看，WAP是开展移动电子商务的核心技术之一。通过WAP，手机可以随时随地、方便快捷地接入互联网，真正实现不受时间和地域约束的移动电子商务。然而WAP标准也存在一定的局限性。WAP最主要的局限在于应用产品所依赖的无线通信线路带宽。而且WAP承载网络的固有特性是可靠性不高、稳定性不高和不可预测性，而WAP协议和运行在WAP设备上的应用都需要强健性和可靠性，这就可能造成交易过程服务的中断、断续连接和服务丢失。WAP承载网络具有高延时的特点，用户发出请求后，可能会延时很久。

（三）移动电子商务发展中的安全问题

尽管移动电子商务给工作效率的提高带来了诸多优势，如减少服务时间、降低成本、增加收入等，但安全问题仍是移动电子商务推广应用的“瓶颈”。

事实上，自移动电子商务出现开始，安全问题就一直阻碍着其发展。从历史角度而言，由于移动电子商务源自传统电子商务，所以移动电子商务包含了大部分传统电子商务所面临的各种安全问题。此外，由于移动电子商务具有诸多不同于传统电子商务的特性，如移动性及由移动性所引发的其他相关特性又产生了大量新的安全问题。因此，较之传统电子商务而言，移动电子商务的安全问题更为复杂。在移动电子商务中，通常涉及的安全问题如下。

1. 窃听

窃听是最简单的获取非加密网络信息的形式，这种方式可以同样应用于无线网络，利用具有指定方向功能的天线，让无线网络接口集中接收某个方向的信号，就可以很容易监控局域网的通信。

2. 病毒

病毒不但可以影响网络，甚至可以对移动终端造成影响。虽然目前发现的手机病毒不会对移动电子商务造成本质的损害，但随着移动终端功能的完善，这个问题的影响将会加剧。同时，蠕虫也会对无线通信网络产生破坏。

3. 欺骗与木马

欺骗可以隐藏信息的来源，或对合法用户进行欺诈。移动电子商务中可以使用改进的重放攻击和中间人攻击来蒙骗客户，套取用户的隐私与保密信息。木马等服务程序直接或间接地骗取用户的信任，对交易双方的敏感信息进行记录与跟踪。

4. 口令攻击与协议安全

过于简单的口令和不完善的协议也会给非法入侵者提供便利，系统的脆弱性也有可能导致系统的崩溃。

5. 拒绝服务攻击

拒绝服务攻击（Denial of Services，DOS）是使无线通信网络丧失服务功能和资源能力的一种攻击行为，由于无线通信网络现有的带宽有限，DOS 对移动通信网络的影响远比对互联网大得多。

因此，移动电子商务的安全问题是移动电子商务应用中亟待解决的关键问题之一。

（四）移动电子商务发展中面临的隐私和法律问题

在移动电子商务中与安全问题息息相关的另一个重要问题就是隐私问题。实际上，早在移动电子商务诞生以前，在传统电子商务中，隐私问题就已成为困扰电子商务发展的另一个瓶颈问题。通常，人们普遍都比较担心在互联网上提供的个人相关信息涉及个人隐私，因此，他们在电子商务活动中往往提供虚假的个人信息，如不真实的个人电话、住址等。而电子商务若想顺利进行和发展往往需要用户提供真实的个人信息，这就形成了一个鲜明的矛盾问题。同样，移动电子商务也面临着类似的问题。

由于移动电子商务具有诸多独特的特性，因而，隐私问题较之传统电子商务而言显得更为突出。因此，如何通过法律的途径保护移动电子商务中的移动用户权益和隐私也已成为移动电子商务发展面临的重要问题。典型的隐私问题如下。

1. 垃圾短信问题

移动通信在给人们带来便利和效率的同时，也带来了很多烦恼，遍地而来的垃圾短信广告打扰着人们的生活。在移动用户进行商业交易时，会把手机号码留给对方；进行街头的社会调查时，也往往需要被调查者填写手机号码；甚至有的用户把手机号码公布在网上，这些都是获取手机号码的渠道。垃圾短信使得人们对移动商务充满恐惧，而不敢在网络上使用自己的移动设备从事商务活动。目前，还没有相关的法律法规来规范短信广告，运营商还只是在技术层面来限制垃圾短信的群发。

2. 定位服务隐私问题

定位作为移动业务的新应用，其技术受到欢迎的同时也暴露了其不利的一面——隐私问题。该技术使用了 GPS，主要是根据从 GPS 卫星返回响应信号的时间信息，在几米误差范围之内定位地面上的人和车辆。定位服务在给人们生活、工作、学习带来便利的同时也影响到了个人隐私，当人们携带使用带 GPS 功能的手机时，执法部门和政府可以利用这种技术监听信道上的数据并能够跟踪其物理位置。

针对上述状况，研究移动电子商务的法律问题就成为移动电子商务应用中一个至关重要的问题。在后续章节中将对此进行进一步阐述。

六、移动电子商务与电子商务的比较

移动电子商务交易过程由于交易终端的特殊性，与普通电子商务交易过程有着显著的不同。移动终端运行环境非常有限，移动软环境的浏览器、协议、描述语言的限制等，增加了移动电子商务安全认证的困难。

移动终端无法适合复杂的认证运算，9600 波特的传输率如果采用 TCP/IP 协议，就会出现频繁断接现象，无法保证稳定的网络连接。移动商务开发的软环境和普通电子商务的软环境也存在很大区别。

①有线网络浏览器已有完善的标准和成熟的产品，有线网络浏览器占用的资源量大，并不适用于移动设备中，移动终端的微浏览器已有产品，但尚无国际统一标准，仍不完善。

②有线网络的协议主要有 TCP/IP、HTTP 等，且已得到了成熟的应用。这些网络协议同样需要占用大量的资源，无法应用于无线网络软环境中。无线网络采用 WAP 网关技术来实现无线网络通信，实现有线网络中 TCP/IPTCP^P 协议的相应功能。WAP 针对无线的特点，通过降低协议对带宽的需求和协议处理的复杂性实现无线通信，成为无线网络通信的标准。

③有线网络采用 HTML（Hyper Text Markup Language，超文本标记语言）、XHTML（eXtensible Hyper Text Markup Language，可扩展超文本标记语言）等多种标记语言作为描述语言，无线网络则采用 WML（Wireless Markup Language，无线标记

语言）和 XHTML 两种标记语言作为描述语言。用 WML 语言所生成的 PKI（Public Key Infrastructure，公共密钥体系）证书比标准 X.509 证书小 40%。

总之，考虑安全的移动电子商务，不能照搬普通电子商务的模式，必须针对移动环境的特点，寻求基于移动安全技术的解决方案。

需要说明的是，移动电子商务不只是电子商务的简单延伸。它还通过个性化、移动性、普及性和使用方便等特性提升了消费价值，使用户享受的服务具有即时性，这些特性因素明显弥补了小型便携设备的多种不足。

第二节　移动电子商务的技术基础

移动电子商务作为现代通信技术和计算机网络技术与商贸实务等相结合的产物，是一项极为复杂的系统工程，其运行和发展离不开各种基本理论与基础平台的支撑，如移动支付、营销、物流、安全、法律、管理等。

一、移动营销

移动营销是指借助移动便携设备（主要以手机为平台），依赖于强大的数据库的支持，直接地向受众发布定向的或精准的即时信息；通过这种定向或精准的发布功能来与受众产生互动的方式，进而达到市场营销的目的。移动营销有时也可称为手机营销或无线营销。

（一）基本概念

1. 传统市场营销

传统市场营销是指个人和组织通过创造产品和价值并同他人进行交换以获得所需所欲的一种社会及管理过程。

营销学指出，市场是一切具有特定的欲望和需求并且愿意和能够以交换来满足此欲望和需求的潜在顾客，也可以是买卖双方从事商品交易的场所。

2. 网络营销

网络营销（Online Marketing 或 E-Marketing）是借助计算机网络和数字交互式媒体来实现营销目标的一种营销方式，它与市场的变革、市场竞争以及营销观念的转变密切相关。

首先，互联网的发展是网络营销产生的技术基础。对于巨大和快速发展的网络市场，传统的市场营销的理论、方法和手段已很难发挥其作用，而依托互联网的发展产生的网络营销可以更有效地促成个人和组织交易活动的实现。

其次，消费者价值观的变革是网络营销产生的观念基础。在网络时代，消费者越来越强调个性化、主动性、购物的方便性和趣味性、价格等因素，迫切需要新的快速方便的购物方式和服务，并最大限度地满足自身的需求。消费者价值观的这种改变自然地产生了网络营销，而网络营销的特征也正好在很大程度上满足了消费者的新需求。

最后，激烈的竞争是网络营销产生的现实基础。当今社会市场的竞争日益激烈，企业为了取得竞争优势，想方设法使用各种招数来吸引顾客，传统的营销方法已经很难有新颖独特的方法能帮助企业在竞争中出奇制胜了。而网络营销可以帮助企业节约大量的店面租金，可减少库存商品的资金占用，可使经营规模不受场地限制，可方便地采集客户信息等，可从根本上降低成本，增强企业的竞争优势。

网络营销的内涵可以理解为：是一种现代营销基本形式；是一种现代管理方式；是一种创新营销；是一种机遇与挑战。它一般包括以下 4 个方面。

（1）面对新的营销环境，充分利用新的营销手段

网络营销利用 Web 技术的网站建设、搜索引擎、E-mail、链接、数据库、数据仓库和数据挖掘、多媒体技术、虚拟现实技术、通信技术等信息技术，为企业和市场提供以前无法达到和想象的获得信息和处理信息的技术能力。

（2）网络营销在营销目的和原理上与传统营销一致

网络营销是对传统营销在互联网上的应用和扩充，是企业整体营销战略的一部分。网络营销的实质是指利用互联网技术最大限度地满足客户的需求，来达到开拓市场、增加赢利的一个经营过程。其目的仍然是千方百计地满足客户的需求和实现企业产品和服务的销售和赢利。

（3）网络营销特别注意研究网络技术和特性对交易的影响

网络营销具有网络带来的许多新特点，如空间的虚拟性、全球性、时间无限制性、信息沟通的互动性和廉价性等；可以实现无店面销售，不需要店面租金和营业员；可以 24 小时经营，网上信息搜索，E-mail 等。

（4）网络营销是整合营销

网络营销不等于网上销售，更不是简单地建立企业网站，或者利用网络做一个广告。网络营销是企业整体营销策略的一部分，包括企业内部和外部信息处理，包括网站本身、产品、顾客、网络服务商、合作伙伴、供应商、销售商等因素，共同形成一个营销体系。网上营销应与网下营销相结合，与各种营销手段相结合。

与传统市场营销不同，网络营销中的市场是虚拟市场。所谓虚拟市场是指借助计算机网络技术，双方无须见面，而实现信息沟通、交易谈判、合同签订，最终实现双方买卖交易的经济整体。简单地讲，虚拟市场由从事交易的网上的个人和组织所组成，虚拟市场通常由 B2C、B2B、C2C 等市场构成。

网络营销以消费者为导向，具有无限的运作时空、公平自由的竞争环境、便捷有效的沟通渠道、经营成本低、经营效率高、营销形式丰富多彩、营销手段技术性强等特点。

网络营销的主要内容包括：网上市场调查、网络消费者分析、网络营销策略制定、网上产品和服务策略、网上价格营销策略、网上渠道选择、网上促销与网络广告、网络营销管理与控制等。

较之传统营销，网络营销在营销理念、沟通方式、营销渠道和营销策略等方面都有很大的不同。

网络营销是传统市场营销在网络环境下的继承、发展和创新，其在营销策略、营销方式等方面给企业带来了巨大的冲击。

网络营销对传统营销策略的冲击，主要表现为对传统定价策略的冲击，即国际的价格水平标准化及差距缩小化；对传统产品品牌策略的冲击，即如何满足个性化的需求成为公司的一大挑战；对传统营销渠道的冲击，即网上直销大大减少了中间商的环节；对传统广告策略的冲击，即摆脱了空间局限，提高了广告效率；对顾客关系的冲击，即网络的互动性改善了商家与消费者之间的关系，利用网络购物的平等感和主动性大大吸引了消费者。

网络营销对传统营销方式的冲击，主要表现为重新营造顾客关系，即网络营销的重心是以顾客为焦点，因此争取新的顾客、留住老顾客、扩大顾客群、建立亲密的顾客关系、分析和创造顾客需求等，成为最关键的营销课题；对营销战略的影响，即在网络环境下，如何组成企业的合作联盟，并以联盟所形成的资源规模创造竞争优势，将是网络时代企业经营的重要手段；对跨国经营的影响，即跨国经营的公司必须为其经营选择一种恰当的商业模式，并要明确这种新型媒体所传播的信息和进行的交易将会对其现存模式产生什么样的影响；企业组织的重整，即企业内部网的兴起，改变了企业内部的作业方式以及员工学习成长的方式，个人工作者的独立性与专业性将进一步提升，也使企业组织重整成为必要。

需要说明的是，网络营销与传统营销是一个整合的过程，即在今后可预见的很长的一段时期，网络营销和传统营销将互相影响、互相补缺和互相促进，直至到最后实现相互融合的内在统一。

3. 移动营销

移动营销是指借助移动便携设备（主要是以手机为平台），直接地向受众发布定向的或精准的即时信息。这种定向或精准发布功能的实现，依赖于强大的数据库的支持，它以一种与受众产生互动的方式来达到市场营销的目的。移动营销有时也被称为手机营销或无线营销，与移动营销紧密相关的业务包含移动广告、移动营销服务商、移动广告市场规模等。

移动广告指的是通过无线终端尤其是以手机为平台发布的各种广告，其具有良好的互动性、可测量性、可追踪性等特征，它可通过短信息、彩信、流媒体、蓝牙、彩铃等方式进行发布。

移动营销服务商主要指为企业移动营销提供整体解决方案的企业，他们有的同时也承担移动广告代理商的责任。

移动广告市场规模是指某一年度广告主投放在无线网络媒体的广告投入，其中一部分转化为移动运营商的收入（也包括WAP网站的收入以及移动广告代理商及服务商的收入），但不包括用户因浏览信息所产生的流量费用。

（二）移动营销市场发展现状

1. 全球移动营销市场发展现状

（1）美国手机广告市场概况

2006 年美国手机广告市场规模为 4.2 亿美元；2008 年有所下滑，手机广告市场规模降为 3.2 亿美元；2009 年重新回到 4.2 亿美元，增长率为 31.3%。2013 年，手机广告市场规模达到 15.6 亿美元，2010 ~ 2013 年复合增长率为 38.8%。

（2）欧洲手机广告市场概况

eMarketer 的统计数据显示，2006 年欧洲无线广告的投入规模为 3.7 亿美元，在无线多媒体广告上的投入为 0.84 亿美元；2007 年欧洲无线广告的投入规模为 6.5 亿美元，在无线多媒体广告上的投入为 1.32 亿美元。2011 年，欧洲无线广告的投放规模达到 28.29 亿美元，同时，无线多媒体广告投放规模达到 6.34 亿美元。

（3）日本手机广告市场概况

日本手机广告包括等待传输信息时的业务、Flash 动画、访问互联网、电子邮件、3D 音乐和 3D 图案等服务，其内容表现非常丰富，着意突出对用户个性彰显以及人性化的关怀，因此始终走在世界手机广告市场前列。

2. 中国移动营销市场发展现状

艾瑞咨询整理相关统计数据显示，2007 年中国无线广告市场规模达到人民币 7.8 亿元，较 2006 年的 5 亿元增长 56%。由于北京奥运会带动广告市场整体性增长，无线广告也是其中非常重要的一块，2008 年中国无线广告市场规模的增长率继续放大。艾瑞显示，2011 年中国无线广告市场的整体规模达到 40 亿元人民币。

作为无线广告中的成熟应用之一，WAP 广告始终保持有序的增长，2007 年中国 WAP 广告的市场规模达到 1.2 亿元人民币，较 2006 年的 0.6 亿元增长近 100%，2008 年中国 WAP 广告市场继续保持快速增长，市场规模达到 2.5 亿元，增长 108%。2011 年中国来自 WAP 广告的市场规模达到 16 亿元。

中国移动广告的发展可以分为导入期、成长期和成熟期三个阶段。

（1）导入期

2006 ~ 2008 年，中国无线广告市场处于市场导入期。这一阶段的主要特点是各种无线广告层出不穷，一些新兴的营销模式开始出现并逐渐形成自己的特点。对消费者来说，对这些新无线广告形式的好奇是引导他们接触这些广告的最初原因，但也因此使得消费者对新兴广告形式的黏度相对不高。对企业来说，这种新兴的广告形式也没有得到所有企业的接受，大型企业是这一时期无线广告的主要尝试者。

（2）成长期

3G 牌照的发放是划分中国无线广告营销两个不同时期的重要标志。经过之前几年在技术标准、产品研发等方面的准备，3G 牌照的发放使 3G 用户规模迅速增长，大量有价值的内容出现在各类无线媒体上，用户黏度也在增加。同时，用户基数的增加也带来了广告主对这一市场的极大关注。

（3）成熟期

2010年之后，随着3G时代的到来，中国无线营销广告市场已经进入成熟期。在这一时期，产业链各环节格局相对稳定，一些有品牌优势、技术优势、人力优势的企业逐渐占据市场份额的大多数。

（三）中国移动营销市场业务分析

1. 移动营销产业模式分析

中国移动广告的基本产业链结构在组成结构上与传统互联网的广告产业链结构非常相似，主要由以下几个环节组成。

（1）广告主

在中国，能够并愿意接受在手机等移动终端上投放广告的企业数量还不多，大都集中在品牌广告主当中。

（2）无线广告服务商

在中国，这类企业的主要代表是诸如分众无线、亿动广告传媒、银河传媒等专门从事无线广告及营销服务的企业，这些企业大都具有多年的经验，能够为广告主提供相应的无线广告和无线营销解决方案。

（3）无线广告媒体

无线广告媒体是展现无线广告的地方，如各类WAP网站、印有二维码的海报等。

（4）移动终端设备商

移动终端设备商所起的作用是为终端设备提供能够支持无线广告的软硬件设备，同时能够从相关的服务中获得收益。

（5）手机用户

手机用户是接受无线广告和无线营销的受众。

2.WAP营销业务分析

（1）产业结构

WAP广告的产业链结构由广告主、WAP广告代理商、WAP站点以及WAP用户组成。而作为移动运营商的中国移动、中国联通等企业，随着各自开始涉足WAP业务以及运营模式的转型，原本处于WAP广告产业链之外的移动运营商开始成为其中一员，并且占据了产业链的上游。

（2）优势所在

尽管短信息在国内移动增值业务中占据主导地位，但以WAP为代表的2.5G业务也持续增长。在用户接受度上，对WAP的接受度也非常高。

3. 手机短信营销业务的优势所在

（1）用户基数大

短信息是手机的最主要功能之一，根据工业与信息化部公布的“2010 年全国电信业统计公报”显示，2010 年全国各类短信发送量达到 8317 亿条，同比增长 6.1%。其中，无线市话短信业务量 67 亿条，下降 47.6%；移动短信业务量 8250 亿条，增长 7.0%。

（2）成本优势

使用短信群发器或是通过包月卡的方式发送短信息的成本很低，而一些诸如短信群发软件更是使得成本降到更低。

（3）打开率高

尽管随着手机功能的发展，手机用户已无须在打开短信后才能够知道短信的内容，用户完全可以在不打开短信查看的功能下，将认为有问题的短信删除，但短信依然是打开率较高的无线营销手段之一。较高的打开率和较低的成本使得短信营销具有非常客观的性价比。

发送手机短信息最大的优势在于能够在相对较低的成本之下，将足够多的信息传递到用户手机上，并且能够强制性地迫使用户阅读。因此，这是一种时间非常久远的无线营销模式。

（四）主要无线广告营销运营模式

以雅虎（Yahoo）为例，其无线广告运作模式为：2006 年 10 月，Yahoo 宣布在美国和英国市场推出针对其移动广告的付费搜索广告服务。手机终端用户可以单击所显示的广告而登录至广告主的 WAP 网站或某一着陆页以了解更多关于广告主的情况。

Yahoo 在移动广告领域采用了 Google 所没有涉及的图片广告领域，2006 年 11 月 Yahoo 宣布在美国率先进行移动图片广告的测试。用户可以单击移动终端上的交互式广告以获得更多详细的信息或直接拨打广告主留下的电话。移动图片广告显示在屏幕的顶端，尺寸大小为（150 × 21）像素。在收费模式上，Yahoo 采用了按单击付费和按效果付费两种形式，为广告主带来更多的选择。

二、移动支付

移动支付属于电子支付与网络支付的更新方式，具有强烈的无线网络计算应用的特点。移动支付所使用的移动终端可以是手机、具备无线功能的 PDA、笔记本电脑、移动 POS 机等。

移动支付是一种通过移动通信网络实现支付的新兴电子支付形式，正处在不断发展阶段中，其内容也在不断丰富。移动支付由于其支付手段的便利性被认为未来支付的主要方式。

（一）电子支付的概念及特点

在阐述移动支付概念前首先介绍一下电子支付的概念及特点。

电子支付是指以金融电子化网络为基础，以商用电子化工具和各类交易卡为媒介，以计算机技术和通信技术为手段，以电子数据形式实现的流通和支付手段。电子交易的用户可以通过使用安全的电子支付手段实现货币支付或资金流转。

电子支付方式的发展经历了 5 个阶段：

①银行利用计算机及网络处理银行与银行之间的业务，办理结算；

②银行计算机与其他机构计算机之间资金的结算，如代发工资、代缴养老保险等业务；

③利用网络终端向客户提供各项银行服务，如为客户在自动柜员机（ATM）上提供的取存款服务等；

④利用银行销售点终端（POS）向客户提供自动的划账服务；

⑤通过互联网进行直接转账结算等。

电子支付的前 4 个阶段为非网络环境下的电子支付，第 5 个阶段为网络环境下的电子支付，也称为电子商务的网上支付。

（二）移动支付的定义

目前对移动支付还没有一个标准的统一的定义，移动支付论坛给出的定义是：移动支付是指进行交易的双方以一定信用额度或一定金额的存款，为了某种货物或者业务，通过移动设备从移动支付服务商处兑换得到代表相同金额的数据，以移动终端为媒介将该数据转移给支付对象，从而清偿消费费用，进行商业交易的支付方式。

笔者认为，移动支付是指支付方为了购买实物或非实物形式的产品、缴纳费用或接受服务，以手机、PDA 等移动终端为工具，通过移动通信网络，实现资金由支付方转移到受付方的支付方式。

本质上讲，移动支付就是将移动网络与金融系统结合，把移动通信网络作为实现移动支付的工具和手段，为用户提供商品交易、缴费、银行账号管理等金融服务的业务。移动支付应该属于电子支付与网络支付的更新方式，具有强烈的无线网络计算应用的特点。移动支付所使用的移动终端可以是手机、PDA、笔记本电脑、移动 POS 机等。

（三）移动支付过程

1. 移动支付过程模型

手机用户通过手机短信、语音、WAP、K-Java、USSD2 等操作方式将自己的手机号和个人银行账号绑定，就可以享受移动支付带来的方便快捷服务了。选择了移动支付方式，手机就成了“第二钱包”，如同随身携带了一个 POS 刷卡机，无论在本地还是漫游到外地，都无须随身携带现金甚至银行卡，只要带上手机，就能够轻松进行保险投保、彩票投注、购买数字点卡、缴纳公用事业费等多项移动电子商务业务，再也没有营业时间的限制，再也不用担心找不到营业网点了。

预备工作，消费者和商家在第三方信用机构（银行机构）申请注册，支付平台运营商取得认证资格。

①购买请求。消费者可以对准备购买的商品进行查询，在确定了准备购买商品之后，通过移动通信设备，如手机，发送购买请求给商家。

②收费请求。商家在接收到消费者的购买请求之后，发送收费请求给支付平台。支付平台利用消费者账号和这次交易的序列号生成一个具有唯一性的代码，代表这次交易过程。

③认证请求。支付平台必须对消费者和商家账号的合法性和正确性进行确认。支付平台把消费者账号和商家账号信息发送给第三方信用机构，第三方信用机构再对账号信息进行认证。

④认证。第三方信用机构把认证结果发送给支付平台。

⑤授权请求。支付平台在收到第三方信用机构的认证信息之后，如果账号通过认证，支付平台把交易的详细信息，包括商品或服务的种类、价格等发送给消费者，请求消费者对支付行为进行授权。如果账号未能通过认证，支付平台把认证结果发送给消费者和商家，并取消本次交易。

⑥授权。消费者在核对交易的细节之后，发送授权信息给支付平台。

⑦收费完成。支付平台得到了消费者的支付授权之后，开始对消费者账户和商家进行转账工作，并且把转账细节记录下来。转账完成之后，传送收费完成信息给商家，通知他交付消费者的商品。

⑧支付完成。支付平台传送支付完成信息给消费者，作为支付凭证。

⑨交付商品。商家在得到了收费成功的信息之后，把商品交给消费者。由此可见，在整个移动支付的过程中，支付平台处于核心的地位，所有的交易信息都要由它进行传递。

用户选择运营商的增值业务后，用短信或 WAP 的方式，向移动运营商发出缴纳费用请求。移动运营商确认用户身份无误后，如果是运营商代收费型，则直接从手机账户中扣除一定金额，如果是银行卡绑定型，则从绑定的银行账户上扣除一定金额。支付行为完成后，运营商以短信等方式告知用户支付已完成，并向用户提供增值业务。

2. 移动支付的演进过程

移动支付的发展历经了 4 个阶段：以话费充值、购票等为代表的第一阶段；能够进行移动银行大额支付的第二阶段；以商场移动支付、自动售货机移动支付为特征的第三阶段；能够实现大宗买卖购买的第四阶段。

我国移动支付市场的发展历程可以划分为 4 个阶段，分别为：市场预热期、市场启动期、高速发展期和成熟期。目前，我国移动支付正由高速发展期向成熟期转变。

（四）移动支付解决方案

目前移动支付主要包括移动运营商独立或联合运营、银行独立运营、移动电信运营商与卡类组织联合运营、第三方运营商独立运营等4种比较典型的运营模式。针对不同的运营模式产生了如下移动支付解决方案。

1. SIMpass 方案

SIMpasst 是单芯片 NFC 移动支付解决方案，创新性地将安全模块、支付模块、电信模块以及应用模块都集成在一张双界面的多功能应用 SIM 卡上。SIMpass 卡具有非接触和接触两个界面。接触界面上可以实现 SIM 应用，完成手机卡的通信功能；非接触界面可以同时支持各种非接触应用。手机开机时，SIMpass 可以很好地支持非接触应用和电信应用同时工作，即在拨打接听电话以及收发短信的同时进行非接触交易。而在手机关机以及手机电池没电的情况下，SIMpass 卡就像一张普通的非接触卡一样，也可以正常工作。

SIMpass 卡可以很好地支持 PBOC2.0 电子钱包 / 电子存折应用，并且还可以提供 STK 空中圈存的功能，即通过数据短信的方式，与后台 MePay 平台系统进行交互，从而实现空中圈存，这样使用者就可以在任何地方进行充值，使用者还可以通过 STK 菜单查询充值记录、消费记录以及钱包余额等信息。

2. LUUP

LUUP 是由触角公司开发的移动支付业务。公司总部位于挪威的首都奥斯陆，员工人数只有30多人，但是在欧洲却拥有电子钱币的专利。LUUP 已广泛用于德国和英国商用，在挪威这项业务也可用，但大多用于测试目的。LUUP 的主要业务方向是 P2P 支付和移动内容的购买，例如，在英国推出了购买国际电话卡的业务，在德国为所有的移动运营商提供预付费的充值业务。

LUUP 是基于储值账户的移动支付业务，用户需要创建自己的账户并且从银行或信用卡把钱存储在这个账户中。绝大多数的交易是通过短信或 Web 来进行的，该业务也将推出基于 WAP 的业务。

3. MobiPay

MobiPay 是由西班牙的两家最大的银行和三家最大的移动运营商共同成立的合资企业，采用共同的技术标准，提供具备了非常优秀的可靠性和可扩展性的移动支付系统。MobiPay 选择的是来自于 ACI 的移动支付系统构建方案，其目标是为本国的处于萌芽状态的移动电话市场建立一种支付服务。

MobiPay 在多个出租车公司、快餐店、影剧院以及书店中推出，并于2004年年底在西班牙推出移动支付购买车票服务，用户可以使用手持设备（手机、PDA 等）购买有轨电车、地铁和巴士的车票，车票以确认信息的形式显示在手机上，用户凭此信息验票上车。

MobiPay 的理念是银行和移动运营商合作为移动用户提供移动支付服务，银行是移动支付的主体，移动运营商是通道提供者；银行在现有的支付基础设施的基础上增加了交易通道的数量，而通信的费用为移动运营商带来了新的利润。

4. 银联手机支付

银联手机支付是中国银联于2009年联合研发的新一代手机支付业务。银联手机支付是一种安全、便捷的新型支付平台，用户可通过计算机、电话、面对面等多种途径进行支付，通过移动电话进行实时信息互动确认完成支付，确保用户支付的安全。银联手机支付是基于互联网数据信道和电话网语音信道的双信道非同步传输交易信息和确认信息的无磁有密的新型支付模式，即传送给银行的收费报文中包括银行卡号和密码，但不包括磁条信息，银行对这两项匹配关系验证后进行扣费，支付更安全。

此外，移动支付平台的开发商还有如诺基亚、摩托罗拉、索尼等手机厂商，他们与移动运营商合作也成功推出了一些移动支付应用平台；国内提供整体移动支付应用的公司很少，大多都提供局部的、非现场支付的移动支付解决方案，如华为、东软、联动优势等；日本和韩国在开发基于非接触式智能芯片先进的、便捷的支付方式。

三、移动电子商务物流

随着越来越多的传统企业进入电子商务领域，他们在进行网络营销时，逐渐认识到物流技术相对落后制约了移动电子商务的发展。物流成为移动电子商务是否顺利进行和发展的一个关键因素。

在移动电子商务环境下，一方面必须要有现代化的物流技术的支持，才能体现出移动电子商务无可比拟的先进性和优越性，在最大程度上使交易双方得到便利，获得效益；另一方面，电子商务需要物流配送体系强有力的支撑，物流的服务质量直接影响着移动电子商务的发展。因此移动电子商务和物流应相互支持、共同发展。

（一）基本概念

1. 物流、物流管理和物流系统

（1）物流的定义

物流（Physical Distribution）一词最早出现于美国，1915年阿奇·萧在《市场流通中的若干问题》一书中首次提出“物流是与创造需要不同的一个问题”，并提到“物资经过时间或空间的转移，会产生附加价值”。1935年，美国销售协会最早对物流进行了定义：“物流是包含于销售之中的物质资料和服务，是从生产地到消费地流动过程中伴随的种种活动。”

在第二次世界大战期间，围绕战争供应，美国军队建立了后勤保障理论，对军火的运输、补给、屯驻等进行全面管理。从此，后勤逐渐形成了单独的学科，并不断发展为后勤工程、后勤管理和后勤分配。物流概念从1915年提出，经过70多年才演变成现在的物流概念（Logistics），现在欧美国家把物流称作Logistics多于Physical Distribution。

物流发展至今，国内外的定义很多，但基本内涵可总结如下：

①物流是物品物质实体的流动；

②物流是物品从供应地向接收地的实体流动，即它是一种满足社会需求的活动，是一种经济活动；

③物流包括运输、搬运、储存、保管、包装、装卸、流通加工和物流信息处理等基本功能活动；

④物流包括空间位置的移动、时间位置的移动以及形状性质的变动，因而通过物流活动，可以创造物品的空间效用、时间效用和形质效用；

⑤物流最基本的特征之一，就是它的普遍性。

（2）物流管理

物流管理是指在社会再生产过程中，根据物质资料实体流动的规律，应用管理的基本原理和科学方法，对物流活动进行计划、组织、指挥、协调、控制和监督，使各项物流活动实现最佳的协调与配合，以降低物流成本，提高物流效率和经济效益。

（3）物流系统

物流系统是指在企业活动中的各种物流功能，随着采购、生产、销售活动而产生，使物质的流通效率提高的系统。这种系统大致可以由作业系统和信息系统两个系统组成。作业系统是在运输、保管、配送、装卸、包装等作业中引入各种技术，以求自动化和效率化，同时使各功能之间完美地连接起来的系统；信息系统也称物流信息系统，在企业活动中和其他功能——采购、生产、销售系统，有机地联系起来使从订货到发货的信息活动更完美化，从而提高物流作业系统的效率。

对于社会经济领域中的物流，虽然其基本内涵都存在且相同，但由于对象不同，目的不同，物流范围、范畴不同，形成了不同的物流类型。在对物流的分类标准方面，主要的分类方法有以下几种：宏观物流和微观物流、社会物流和企业物流等。

宏观物流是从社会再生产总体角度认识和研究的物流活动。这种物流活动的参与者是构成社会总体的大产业、大集团，宏观物流也就是研究社会再生产总体物流，研究产业或集团的物流活动和物流行为。

微观物流更贴近具体企业的物流，其研究领域十分广阔。经常涉及的下述物流活动皆属于微观物流，即企业物流、生产物流、供应物流、销售物流、回收物流、废弃物物流、生活物流等，微观物流研究的特点是具体性和局部性。

社会物流是指超越一家一户的、以一个社会为范畴、以面向社会为目的的物流。这种社会性很强的物流往往是由专门的物流承担人承担的，社会物流的范畴是社会经济大领域。

企业物流是从企业角度研究与之有关的物流活动，是具体的、微观的物流活动。企业物流主要是企业生产物流活动。企业生产物流是指企业在生产工艺中的物流活动，这种物流活动是与整个生产工艺过程伴生的，实际上已构成了生产工艺过程的一部分。

2. 电子商务下的物流

电子商务下的物流系统是指在实现电子商务特定过程的时间和空间范围内，由所需位移的商品、包装设备、装卸搬运机械、运输工具、仓储设施、人员和通信设施等若干相互制约的动态要素所构成的具有特定功能的有机整体。

与传统的物流系统相比，电子商务下的物流系统具有明显的特征：

①整个系统具有无限的开放性，改变了传统物流的经营形态，要求实现社会化、全球化；

②物流结点普遍实行信息化管理，提高了物流的运作水平，要求达到标准化、网络化；

③信息流在物流过程中起引导和整合作用，提高了物流动态调配能力，要求达到个性化、柔性化；

④系统具有明显的规模优势，实现高速度、系统化，提高了物流的快速反应能力。

物流和电子商务之间互相促进、协调发展。物流作为电子商务的重要组成部分，是实现电子商务的重要环节和基本保证；反过来，电子商务对物流技术又有极大的推动作用。

3. 移动电子商务下的物流

与电子商务下的物流系统相似，移动电子商务下的物流是指实现移动电子商务特定过程的时间，又称电子物流。移动电子商务的发展，对物流配送环节提出了更高的要求，从原材料的采购供应到产品的销售运输以及最终顾客的配送服务，都需要一个完善的物流体系来支撑整个商务流程的交易活动，做到及时准确的物流服务、简捷快速的配送流程、尽可能低的成本费用和良好的顾客服务水平，才能与电子商务发展的要求相协调，因而称其为电子物流。

电子物流是物流服务商务活动的电子化、网络化和自动化，是信息流、资金流和物流服务三者的统一。它包含了物流的运输、仓储、配送等各业务流程中的组织方式、交易方式、服务方式的电子化。通过对物流业务实现电子化，可以改革现行物流体系的组织结构，通过规范、有序的电子化物流程序，使物流进入一个充分利用现有资源、降低物流成本、提高物流运行效率的良性轨道。

电子物流支持电子商务的物流和物流的电子化。从物流电子化演变到电子物流增加了新的内涵，这就是支持电子商务的障碍。由于近年来电子商务的迅速兴起，作为有形商品商务活动基础的物流不仅已成为电子商务的障碍，而且也是电子商务能够顺利进行和发展的关键因素。如何建立一个高效率、低成本运行的物流体系来保证电子商务的顺畅发展，已成为人们关注的焦点，所以把物流电子化与电子商务的物流服务相融合已成为必然。在这样的需求下，电子物流呈现出独具的优势特点及发展趋势。

（二）移动电子商务物流模式

移动电子商务环境下的物流模式包括物流一体化、第三方物流、国际物流、第四方物流等。

1. 物流一体化

物流一体化是指以物流系统为核心的由生产企业，经物流企业、销售企业，直至消费者组成的供应链的整体化和系统化。

物流一体化包含三个层次：物流自身一体化、微观物流一体化、宏观物流一体化。

2. 第三方物流

第三方物流（Third Party Logistics，3PL）是指由物流劳务的供方、需方之外的第三方去完成物流服务的物流运作方式。第三方就是指提供物流交易双方的部分或全部物流功能的外部服务提供者。

第三方物流按照物流企业完成的物流业务范围的大小和所承担的物流功能分为综合性物流企业和功能性物流企业；按照物流企业是自行完成和承担物流业务，还是委托他人进行操作分为物流自理企业和物流代理企业。

3. 国际物流

所谓国际物流（International Logistics），就是组织货物在国际的合理流动，也就是发生在不同国家之间的物流。

国际物流的特点为国际性、复杂性和风险性。近年来国际物流发展迅速。

4. 第四方物流

第四方物流（Fourth Party Logistics，4PL）的概念是安德森咨询公司提出并注册的。它是指集成商利用分包商来控制与管理客户公司的点到点式的供应链运作。4PL 实际上是对整个供应链的管理，在管理方式上比第三方物流要复杂得多；它可以说是在第三方物流的基础上发展起来的，是对物流资源的进一步整合。

（三）移动电子商务物流技术

1. 物流技术的定义

物流技术是指与物流要素活动相关的所采用的各种技术的总称，包括各种操作方法、管理技能等，如流通加工技术、物品包装技术、物品标识技术、物品实时跟踪技术等，此外，还包括物流规划、物流评价、物流设计、物流策略等。随着新技术的应用普及，物流技术中综合了许多现代技术，如条码（Bar Code）、地理信息系统（GIS）、全球卫星定位系统（GPS）、射频识别技术（RFID）、电子数据交换（EDI）等。

2. 主要物流技术

（1）条码技术

条码技术是计算机在应用实践中产生和发展起来的一种自动识别技术。条码是由一组黑白相间、粗细不同的条状符号组成的，条码隐含着数字信息、字母信息、标志信息、符号信息，主要用以表示商品的名称、产地、价格、种类等，是全世界通用的商品代码的表示方法。

条码是为实现对信息的自动扫描而设计的，它是实现快速、准确而可靠地采集数据的有效手段。条码技术的应用解决了数据录入和数据采集的“瓶颈”问题，为供应链管理提供了有力的技术支持。

条码技术提供了一种对物流中的物品进行标识和描述的方法，借助自动识别技术、POS 系统、EDI 等现代技术手段，企业可以随时了解有关产品在供应链上的位置，并即时做出反应。

物流条码是条码中的一个重要组成部分，它不仅在国际范围内提供了一套可靠的代码标识体系，而且为贸易环节提供了通用语言，为 EDI 和电子商务奠定了基础。因此，物流条码标准化在推动各行业信息化、现代化建设进程和供应链管理的过程中将起到不可估量的作用。

（2）GPS 技术

全球定位系统（Global Positioning System，GPS）是美国从 20 世纪 70 年代开始研制，历时 20 年，耗资 200 亿美元，于 1994 年全面建成，具有在海、陆、空进行全方位实时三维导航与定位能力的新一代卫星导航与定位系统。

GPS 的工作原理是通过接收器确定卫星在太空中的位置，根据无线电波计算卫星之间距离，利用三角学算出卫星自身位置，数据库记录位置和运行轨迹，发回精确位置和时间的信号。GPS 系统包括三大部分。

①空间部分——GPS 卫星星座。由 21 颗工作卫星和 3 颗在轨备用卫星组成，记作（21+3）GPS 星座。24 颗卫星均匀分布在 6 个轨道平面内，轨道倾角 55°，各个轨道平面之间相距 60°，即轨道的升交点赤经各相差 60°。每个轨道平面内各颗卫星之间的升交角距相差 90°，一轨道平面上的卫星比西边相邻轨道平面上的相应卫星超前 30°。

②地面控制部分——地面监控系统。对于导航定位来说，GPS 卫星是一动态已知点。卫星的位置是依据卫星发射的星历——描述卫星运动及其轨道的参数算得的。每颗 GPS 卫星所播发的星历是由地面监控系统提供的。GPS 工作卫星的地面监控系统包括一个主控站、三个注入站和五个监测站。

③用户设备部分——GPS 信号接收机。GPS 信号接收机的任务是能够捕获到按一定卫星高度截止角所选择的待测卫星的信号，并跟踪这些卫星的运行，对所接收到的 GPS 信号进行变换、放大和处理，以便测量出 GPS 信号从卫星到接收机天线的传播时间，解译出 GPS 卫星所发送的导航电文，实时地计算出测站的三维位置，甚至三维速度和时间。

GPS 在物流领域可以应用于汽车自定位、跟踪调度，用于交通运输、军事等多领域的物流管理。

（3）GIS 技术

地理信息系统（Geographical Information System，GIS）是一种特定而又十分重要的

空间信息系统，用以采集、存储、管理、分析和描述整个或部分地球表面（包括大气层在内）与空间和地理分布有关的数据的空间信息系统。

GIS 是多种学科交叉的产物，是一种为地理研究和地理决策服务的计算机技术系统。它主要由硬件、软件、数据、人员和方法五个元素构成。GIS 主要是利用其强大的地理数据功能来完善物流分析技术。

GIS 的基本功能是将来自于数据库、电子表格文件或直接在程序中输入的表格型数据转换为地理图形显示，然后对显示结果浏览、操作和分析。其显示范围可以从洲际地图到非常详细的街区地图，显示对象包括人口、销售情况、运输线路以及其他内容。

一个完整的 GIS 物流分析软件集成了车辆路线模型、最短路径模型、网络物流模型、分配集合模型和设施定位模型等。

（4）RFID 技术

射频识别技术（Radio Frequency Identification，RFID）又称电子标签，是一种非接触式的自动识别技术，它通过射频信号自动识别目标对象并获取相关数据，识别工作无须人工干预，可工作于各种恶劣环境。RFID 技术可识别高速运动物体并可同时识别多个标签，操作快捷方便。

RFID 系统由标签、阅读器和天线三部分组成。

①标签由耦合元件及芯片组成，主要功能为通过唯一的电子编码标识目标对象。每个标签具有唯一的电子编码，附着在物体上。

②阅读器是 RFID 系统信息控制和处理中心，主要功能为读取或写入标签信息，它分为手持式或固定式两类。

③天线的主要功能为在标签和读取器间传递射频信号。

（5）EDI 技术

电子数据交换（Electronic Data Interchange，EDI）是一种在公司之间传输订单、发票等作业文件的电子化手段。它通过计算机通信网络将贸易、运输、保险、银行和海关等行业信息，用一种国际公认的标准格式，实现各有关部门或公司与企业之间的数据交换与处理，并完成以贸易为中心的全部过程，它是 20 世纪 80 年代发展起来的一种新颖的电子化贸易工具，是计算机、通信和现代管理技术相结合的产物。

根据功能，EDI 可分为四类。

①订货信息系统，又称为贸易数据互换系统（Trade Data Interchange，TDI），它用电子数据文件来传输订单、发货票和各类通知。

②电子金融汇兑系统（Electronic Fund Transfer，EFT），即在银行和其他组织之间实行电子费用汇兑。EFT 已使用多年，但它仍在不断的改进中。最大的改进是同订货系统联系起来，形成一个自动化水平更高的系统。

③交互式应答系统（Interactive Query Response，IQR），可应用在旅行社或航空公司作为机票预定系统。这种 EDI 在应用时要询问到达某一目的地的航班，要求显示航班的时

间、票价或其他信息，然后根据旅客的要求确定所要的航班，打印机票。

④带有图形资料自动传输的EDI，最常见的是计算机辅助设计（Computer Aided Design，CAD）图形的自动传输。例如，设计公司完成一个厂房的平面布置图，将其平面布置图传输给厂房的主人，请主人提出修改意见。一旦该设计被认可，系统将自动输出订单，发出购买建筑材料的报告。在收到这些建筑材料后，自动开出收据。

四、移动电子商务安全技术

由于移动计算在产生之初考虑的重点是它的开放性、移动性，安全性考虑的很少，所以存在较为严重的安全漏洞。非法用户在能够接收到无线信号的任何地方都可以发起对公共移动通信网、公共无线局域网的攻击，无须授权即可使用网络服务，这不仅会占用宝贵的无线信道资源，增加带宽费用，降低合法用户的服务质量，并且别有用心的人还可以利用这一漏洞进入局域网内部窃取机密。此外，由于无线设备的内存和计算能力有限而不能承载大部分的病毒扫描和入侵检测的程序，有线网络安全的技术手段不完全适用于无线设备，例如，目前还没有有效抵制手机病毒的防护软件等。所以移动电子商务活动中便出现了像窃听、病毒、欺骗与木马、口令攻击与协议安全、拒绝服务攻击（Denial of Services，DOS）等安全问题。

移动电子商务使用移动便携式终端设备，通过无线通信网络和原有的固定网络相互连接，实现了一种不受时空局限的"Anytime，Anywhere"的商务模式，进而将商务活动和个人的移动紧密地结合在一起。这样，移动电子商务在为人们的生活、工作、学习带来便捷的同时，移动性也为移动电子商务带来了更多的安全挑战。

（一）移动安全需求

随着近年来无线通信与网络技术的迅速发展，移动技术已经广泛应用于人们的生活和工作中，但与之相关的安全问题也变得越来越突出。据Juniper Networks的调查数据显示，2010年在移动设备上发生的恶意软件和病毒攻击数量同比增加了250%，而在被调查的15个国家中有5%（25 000部）的手机都在办公区域内遭受了恶意软件的袭击。在中国，几乎所有的企业或个人用户在移动装置安全工作方面都存在严重缺陷和一定程度的忽视。尽管92%的企业表示他们已经开始认识到来自移动网络的病毒攻击损失可能远大于来自传统固网的病毒攻击损失，然而只有不到6%的企业能够真正评估智能手机的安全风险，并做出一些防范措施。

面对国内移动安全领域中的诸多问题，我国政府和相关主管部门也曾采取过一些措施，如《国家信息化领导小组关于加强信息安全保障工作的意见》（中办发27号文〔2003〕）强调大力支持在移动信息安全领域的A主创新，推动运用自有知识产权技术和产品解决移动信息安全问题。2007年12月，中国通信企业协会增值服务专业委员会和中国绿色手机文化建设联盟联合主办以"发展绿色健康业务，共同创建安全便捷的良好环境”为主题的移动应用与安全服务研讨会。全球最大的移动安全服务领导厂商网秦先后推出了包括网秦手机杀毒、网秦手机卫士和网秦通讯管家等多款专业安全产品。360 公司针对塞班（Symbian）、安卓（Android）、苹果（iOS）等三大智能手机操作系统推出了新版 360 手机卫士。

但是这些安全服务产品还处于初级阶段，产品的关注点相对单一，缺乏对移动终端安全的全方位保护能力，并不能提供一个完整的移动终端安全解决方案。因此，对移动终端安全意识的提高，对安全检测、分析和处理的技术的提高已刻不容缓。

由前述可知，借以实现移动电子商务活动的移动便携式终端设备主要包括 PDA、智能手机、便携式计算机、膝上电脑等。这些设备因移动性、便携性需求，通常为资源受限终端，如计算能力低、存储能力有限、电池寿命短等。即便是便携性本身，为移动用户带来便利的同时，也存在着易丢失、易被窃的弱点。因而，其面临着诸多安全问题。

（二）移动终端设备安全

1. 加密和认证等安全措施难以使用

手持移动设备最大的问题就是缺少对特定用户的实体认证机制。由于许多安全性相对较好的加密和认证措施往往都需要客户端有较强的运算能力和存储能力来支撑。而这个需求与移动受限终端的计算能力低、存储能力有限形成了鲜明的矛盾问题，致使复杂的加密、认证措施无法实现，从而形成了安全隐患。

目前，移动设备为了以较低加密计算强度来确保较高的安全性能，主要利用椭圆双曲线（ECC）加密技术。

2. 移动终端设备中的机密资料容易丢失和被盗用

因为移动终端设备没有建筑门锁和看管保证的物理边界安全，自身的体积较小，无线设备使用中很易不小心跌落造成损坏、被偷窃而丢失。往往在很多用户的移动设备中存储着比较机密的个人资料和商业机密，如果在没有备份的情况下丢失数据或被他人恶意盗用都将会造成很大的损失。对个人来说，移动设备的丢失意味着别人将会看到设备上的数字证书以及其他一些重要数据，利用存储的数据拿到无线设备的人就可以访问企业内部网络，包括 E-mail 服务器和文件系统。

3. 手机 SIM 卡等身份识别设备易于被克隆

由于手机 SIM 卡和其他一些移动设备已逐渐成为移动用户身份标识的一部分，在移动电子商务活动中通常借助这些身份标识来识别移动用户的身份。因而，一旦这些设备被恶意克隆，用户的个人身份很容易被仿冒，从而为犯罪分子所利用，给用户造成损失。

此外，由于企业缺乏终端相关的安全制度和安全技术，而使用者本身的风险意识和防范措施也比较欠缺等都使得移动设备安全方面存在着极大的安全隐患。应对这些问题，企业应该制定相应完备的便携式移动设备安全制度，增强个人安全防范意识，注意数据备份、密码设置，公共场所严防机密信息的窃听、窃看等。

（三）无线通信网络安全

1. 无线基础设施安全

无线基础设施安全主要包括接入点、路由器、调制解调器、交换机和基站等。这些无线基础设施多数部署于咖啡店、机场、车站等户外公共场所，非法访问者很易访问这些设备，而这些设备因价格昂贵也很易被窃丢失。

2. 无线通信网络本身的威胁

由于无线通信网络可以不像有线网络那样受地理环境和通信电缆的限制，因此其可以实现开放性的通信。由此可知，无线信道是一个开放性的信道，它给无线用户带来通信自由和灵活性的同时也带来了诸多不安全因素，如通信内容容易被窃听、通信双方的身份容易被假冒，以及通信内容容易被篡改等。在无线通信过程中所有通信内容，如通话信息、身份信息、数据信息等都是通过无线信道开放传送的，任何拥有一定频率接收设备的人均可以获取无线信道上传输的内容，这对于无线用户的信息安全、个人安全和个人隐私都构成了潜在的威胁。

3. 无线网络标准安全

移动电子商务涉及很多无线网络标准，其中使用最为广泛的有无线局域网WLAN802.11 标准、WAP 无线应用协议标准，以及蓝牙标准等。

（1）802.11 安全

无线局域网络是以无线连接至局域网络的通信方式。它采用的是IEEE802.11 系列标准。IEEE802.11 标准规定了媒介接入控制（MAC）层的存取控制规范，也定义了 WEP（Wired Equivalent Privacy，有线等效加密）加密机制。WEP 的目的是对信息流加密并利用 WEP 认证结点，使无线通信传输像有线网络一样安全。

WEP 加密使用共享密钥和 RC4 加密算法。访问点和连接到该访问点的所有工作站必须使用同样的共享密钥。对于往任一方向发送的数据包，传输程序都将数据包的内容与数据包的检验组合在一起。然后，WEP 标准要求传输程序创建一个特定于数据包的初始化向量，后者与密钥相组合在一起，用于对数据包进行加密。接收器生成自己的匹配数据包密钥并用之对数据包进行解密。在理论上，这种方法优于单独使用共享私钥的显式策略，使对方更难于破解。

但是，IEEE802.11 中用于安全的 WEP 算法只是提供相当于有线局域网基本安全的安全级别，根本不是一种全面的安全方案。越来越多的安全专家和研究人员发现 IEEE802.11 标准存在安全漏洞，有经验的黑客会利用这些漏洞进行攻击。其缺陷主要有：RC4 算法本身就有一个小缺陷；WEP 标准允许 IV 重复使用（平均大约每 5 小时重复一次）；WEP 标准不提供自动修改密钥的方法。

最早的 WEP 实施只提供 40 位加密，这使得它抗暴力攻击能力差。现代的系统提供128 位的 WEP，128 位的密钥长度减去 24 位的 IV 后，实际上有效的密钥长度为 104 位。

尽管如此，128 位的 WEP 版本也不能保证绝对安全。最好的解决办法是把无线网络放在机构防火墙之外，这种防范措施会强制要求将无线连接当作不受信任的连接来看待，就像看待其他任何来自互联网的连接一样。

所以，WEP 应该与其他安全机制一起应用才能提供较强的安全。

（2）WAP 安全

WAP（Wireless Application Protocol，无线应用协议）由一系列协议组成，用来标准化无线通信设备，如移动电话、移动终端；它负责将互联网和移动通信网连接到一起，客观上已成为移动终端上网的标准。WAP 协议可以广泛地运用于 GSM、CDMA、TDMA 等多种网络。

WAP 规范的安全特性包括 WTLS 协议、用于存储用户证书的 WAP 身份模块（WIM）和允许 WAP 交易签名的 Sign Text 功能。

① WTLS 协议。WTLS（无线传输层安全）协议是基于 IETF 小组的 SSL/TLS 协议，类似于互联网传输层安全协议。在无线技术的有限的发送功率、存储容量及带宽的条件下，提供了实体鉴别、数据加密和保护数据完整性的功能，所以可以确保在 WAP 装置和 WAP 网关之间的安全通信。有三种不同级别的 WTLS：

- 1 级执行未经证实的 Diffie-Hellman 密钥交换以建立会话密钥；
- 2 级使用与 SSL/TLS 协议相类似的公开密钥证书机制进行服务器端鉴别；
- 3 级客户端和服务器端采用 X.509 格式证书相互进行鉴别。

早期 WAP 装置仅仅采用了第 1 级别的 WTLS，这种级别的安全性不够，所以不能用于电子商务。目前，支持第 2 和第 3 级别 WTLS 的移动装置。从市场上可以得到，它们可以确保网上银行交易和购物等应用的机密性。

为了便于客户端的鉴别，新一代的 WAP 电话提供了 WIM。WIM 包含了 WTLS3 级的功能，并嵌入了对公开密钥加密技术的支持（RSA 是强制的，而 ECC 是可选的）。生产厂家为 WIM 配备了两套公私密钥（一套用于签名，另一套用于鉴别）和两个厂商的证书。用配置在 WIM 上的公匙把厂商的证书和厂商名字捆绑在一起。这样，通过 WIM 和 WAP 网关建立的所有 WTLS 会话都将使用相同的公匙用作初始会话。每一个会话都将包括与此密钥对应的一个不同的证书。WIM 的基本要求是它们要具有抗篡改的能力。

② Sign Text 功能。Sign Text 功能为 WAP 用户提供了数字签名。同电子签名功能一样，这个功能可以被应用于其他无线设备、手持设备或内嵌 SIM 卡。

WAP 的安全机制是通过 WTLS 协议来实现的。但是，由于 WAP 网关在 WAP 设备和 Web 服务器之间起着翻译的作用，相应的也带来了安全问题：WTLS 安全会话建立在手机与 WAP 网关之间，而与终端服务器无关，这意味着数据只在 WAP 手机与网关之间加密，网关将数据解密后，利用其他方法将数据再次加密，然后经过 TLS 连接发送给终端服务器。由于 WAP 网关可以看见所有的数据明文，而该 WAP 网关可能并不为服务器所有者所拥有，这样，潜在的第三方可能获得所有的传输数据。

目前，为了提高 WAP 的安全性须尽力确保 WAP 网关的安全。如果 WAP 网关位于 WAP 服务供应商范围之内，可以通过诸如在内存中对加密和解密过程进行最优化以减少数据明文存在的时间、在释放前覆盖加密解密进程使用的内存以确保数据的安全性。对于安全要求较高的公司可以拥有自己的 WAP 网关，通过 WIM 实现数据安全性，从而保障数据端到端的安全性。

（3）蓝牙安全

蓝牙技术基于芯片，提供短距离范围的无线跳频通信。它有很低的电源要求，并且可以被嵌入任何数字设备之中。具有蓝牙芯片的数字设备，如便携计算机、手机、PDA，可以通过蓝牙移动网络进行通信。几年内，蓝牙将会出现在电视机、HiFi、VCR 和微波炉等设备之中。

在诞生之初，蓝牙技术并没有考虑其安全性的问题。虽然现在已提供 128 位的芯片号作为设备的鉴权号，但是它在通信中可以被篡改和冒用。

国际标准规定了 3 种蓝牙设备的安全模式。模式一，现有的大多数基于蓝牙的设备，不采用信息安全治理和不执行安全保护及处理；模式二，蓝牙设备采用信息安全治理并执行安全保护和处理，这种安全机制建立在 L2CAP 和它之上的协议中；模式三，蓝牙设备采用信息安全治理和执行安全保护及处理，这种安全机制建立在 LMP（链接治理协议）和芯片中。

鉴于蓝牙芯片的现状，采用模式三将需要对现有的蓝牙芯片进行重新设计并且要增加和增强芯片的功能，不利于降低芯片价格。西方蓝牙技术的生产商都在考虑采用模式二。

模式二的安全机制答应在不同的协议上增强安全性。L2CAP 可以增强蓝牙安全性，RFCOMM 可以增强蓝牙设备拨号上网的安全性，OBEX 可以增强传输和同步的安全性。

蓝牙的安全机制支持鉴别和加密。鉴别和认证可以是双向的，密钥的建立是通过双向的链接来实现的。鉴别和加密可以在物理链接中实现（如基带级），也可以通过上层的协议来实现。

安全的技术实施主要包括 DH 方案、RSA 方案。

4. 无线 Ad-Hoc 应用的威胁

除了互联网在线应用带来的威胁外，无线装置给其移动性和通信媒体带来了新的安全问题。无线装置可以组成 Ad-Hoc（点对点）网络，其和传统的移动网络有着许多不同，其中一个主要的区别就是 Ad-Hoc 网络不依赖于任何固定的网络设施而是通过移动主机结点间的相互协作来进行网络互联。由于其网络的结构特点，Ad-Hoc 网络的安全问题尤为突出。Ad-Hoc 网络的一个重要特点是：网络决策是分散的，网络协议依赖于所有参与者之间的协作，入侵者可以基于该种假设的信任关系入侵协作的结点。

5. 数字认证技术

对诸如移动电子商务和有重要使命的合作通信等活动，其安全性的一个关键方面是能否对信息发送者的身份进行论证，通常都要利用有线安全的公开密钥基础设施（Public Key Infrastructure，PKI）。

PKI 提供与加密和数字证书有关的一系列技术。但在无线通信环境中，PKI 是很难实现的。在只有有限计算能力和低数据流通率的设备上实现 PKI 中的服务一直是一个有挑战性的难题。同时在公开密钥基础设施的基础上，要将无线设备与有线设备之间进行互通也是有难度的。因此无线公开密钥基础设施（WPKI）协议是要将标准的 PKI 进行修正和简化，使其在无线通信的环境下达到最优。

（四）无线安全体系

1.WLAN 的安全架构——WPKI

在有线通信中，电子商务交易的一个重要安全保障是 PKI。简单地说，PKI 就是利用公钥理论和技术建立的提供信息安全服务的基础设施，它利用现代密码学中的公钥密码技术在开放的互联网网络环境中提供数据加密以及数字签名服务的统一技术框架。

PKI 的系统概念、安全操作流程、密钥、证书等同样也适用于解决移动电子商务交易的安全问题，但在应用 PKI 的同时要考虑到移动通信环境的特点，并据此对 PKI 技术进行改进。WPKI 将互联网电子商务中 PKI 安全机制引入无线网络环境中，它是一套遵循既定标准的密钥及证书管理平台体系，用它来管理移动网络环境中使用的公开密钥和数字证书，有效建立安全和值得信赖的无线网络环境。

（1）WPKI 安全体系总体架构

WPKI 安全体系总体架构由移动终端、移动网络、安全移动电子商务平台、应用服务提供商和认证机构五部分构成。

安全移动电子商务平台由 SIM 卡、分发平台和安全服务器 3 个部分构成。其中 SIM 卡作为客户端组件，提供数据加密与签名功能；分发平台和安全服务器作为服务器端组件，提供数据分发、数据加密及签名验证功能。除了移动终端与移动网络是通过 GSM 通信外，其余部分均通过传输控制协议 / 互联网协议（TCP/IP）数据专线通信。安全移动电子商务平台与认证中心相连以保证交易的安全和身份的确认。WPKI 技术主要包含以下几个方面。

①认证机构。认证机构（CA）系统是 PKI 的信任基础，负责分发和验证数字证书，规定证书的有效期，发布证书废除列表。

②注册机构。注册机构（RA）提供用户和 CA 之间的一个接口。作为认证机构的校验者，在数字证书分发给请求者之前对证书进行验证。

③智能卡。智能卡将具有存储、加密及数据处理能力的集成电路芯片镶嵌于塑料基片中，具有体积小、难于破解等特点，在生产过程、访问控制方面有很强的安全保障。很多种需要客户端认证的应用都可以使用智能卡来实现。并且智能卡也是存储移动电子商务密钥及相关数字证书的最佳选择。

④加密算法。加密算法越复杂，密钥越长则安全性越高，但执行运算所需的时间也越长（或需要计算能力更强的芯片）。所以，支持 RSA 算法的智能卡通常需要高性能的具有协处理器的芯片。而 ECC 使用较短的密钥就可以达到和 RSA 算法相同的加密强度。由

于智能卡受 CPU 处理能力和 RAM 大小的限制，因而采用一种运算量小同时能提供高加密强度的公钥密码体制在智能卡上实现数字签名应用是至关重要的，ECC 在这方面具有很大的优势。

WPKI 技术满足移动电子商务安全的要求：保密性、完整性、真实性、不可抵赖性，消除了用户在交易中的风险。实现安全移动电子商务的步骤如下：

• 根据用户从移动终端上输入到应用服务提供商所需的数据，利用 SIM 卡对数据进行加密、签名，并以短消息的格式发出加密并签名的数据；

• 将加密并签名的短消息通过移动网络转发至安全移动电子商务平台的分发平台；

• 分发平台将短消息重组为数据包，并转发至相应的应用服务提供商；

• 位于应用服务提供商的安全服务器对加密并签名的数据进行解密及验证，如验证通过，则提交后端应用服务器，如果验证未通过，则提示用户验证失败；

• 后端应用服务器处理后的结果由安全服务器进行加密处理，并转发至分发平台；分发平台将数据拆分为短消息，通过移动网络发送给移动终端；

• 移动终端接收到短消息后重组数据包，并对加密数据进行解密，最终将结果显示给用户。

在 WPKI 机制下，数字证书非常重要，但是由于无线信道和移动终端的限制，如何安全、便捷地交换用户的数字证书是 WPKI 所必须解决的问题。可以采用以下两种办法解决。

① WTLS 证书。WTLS 证书的功能与 X.509 证书相同，但更小、更简化，利于在资源受限的手持终端中处理。但所有证书必须含有与密钥交换算法相一致的密钥，除非特别指定，签名算法必须与证书中密钥的算法相同。

②移动证书标识。移动证书标识将标准的一个 X.509 证书与移动证书标识唯一对应，并且在移动终端中嵌入移动证书标识，用户每次只需将自己的移动证书标识与签名数据一起提交给对方，对方再根据移动证书标识检索相应的数字证书即可。

综上所述，PKI 和 WPKI 最主要的区别在于证书的验证和加密算法。WPKI 采用了优化的 ECC 椭圆曲线加密和压缩的 X.509 数字证书。例如，一个 1024 位加密算法，手机需要半分钟才能完成，所以传统的 PKI X.509 就不适合移动计算。WPKI 采用的椭圆曲线密码体制，密码长度可以为 165 位，实际应用和传统 PKI 的 1024 或 2048 位安全强度一样，但运算量要小，复杂度也随之降低。

目前，大多数移动电子商务采用的安全方式是非 PKI 的方式，这种方式主要采用对称加密算法和单向散列函数来提供安全服务，其密钥的管理是由移动运营商建立一套主密钥管理系统，为不同的服务提供商分配不同的密钥，每次交易过程中，服务提供商与用户协商产生会话加密密钥。显然，采用这种方式构建的系统的安全性主要取决于主密钥的安全。

尽管非 PKI 方式对于无线终端有限的处理能力来说尤其适合，而且通过黑名单管理等方法可以使系统的安全得到较好的保障，但是从长远来说，移动电子商务有必要逐步过渡到 PKI 方式。

（2）WPKI 技术的发展趋势

基于国外 WPKI 技术的发展经验和国内目前的状况，WPKI 技术未来的发展有如下趋势。

①标准化。随着 WPKI 技术的逐渐普及，为了更好地为移动用户提供优质的服务，提高 WPKI 的运行规模和效率，推广 WPKI 产品的应用，不同厂商、不同国家和地区的 WPKI 产品需要互连互通，并且能够进行互操作，这要求它们支持相同的标准，如证书格式及接口规范等，因此标准化是将来 WPKI 发展的必然趋势。

②国际化。随着移动商务的深入发展和中国加入 WTO，中国经济与世界经济的联系将越来越紧密，为满足移动商务的国际化需求，必然要求国内的 CA 中心与国际性的 CA 公司进行交叉认证。

③商业化。网络并非一个完全可信的交易环境，目前我国相关的法律法规还很不健全，人与人之间不能建立信任，政府也不能出面证明，所以 CA 认证既不同于管理，也不同于法律，而更接近于一种契约，这种契约形式的关系更适应于商业化运作。可以预计，目前具有浓厚政府色彩的 CA 中心也将逐步从政府中剥离出来，采取商业化运作。

④集中化。目前国内建设的多个 CA 中心几乎都有明显的局部特征和探索性质，规模较小而且简单重复，难以满足社会化服务的要求。在自身的权威性要求下，CA 中心必然需要运作规范，技术、资金实力雄厚，而且能适应国际化趋势的要求。因此，未来几年中，建设集中化的大型 CA 中心已是必然。

（3）WPKI 技术的发展和应用存在的问题

WPKI 技术虽然有着广泛的应用前景，但在技术实现和应用方面仍面临着一些问题：

①相对于有线终端，无线终端的资源有限，它处理能力低，存储能力小，需要尽量减少证书的数据长度和处理难度；

②无线网络和有线网络的通信模式不同，由于 WPKI 证书是 IETFPKIX 证书的一个分支，还需要考虑 WPKI 与标准 PKI 之间的互通性；

③无线信道资源短缺，带宽成本高，时延长，连接可靠性较低，因而技术实现上需要保证各项安全操作的速度，这是 WPKI 技术成功的关键之一；

④为了能够吸引更多的人利用 WPKI 技术从事移动商务等活动，必须提供方便可靠和具备多种功能的移动设备，因此，必须改进移动终端的设计，以满足技术和应用的需要；

⑤就目前的应用情况来看，WPKI 技术的应用更多地集中于获取信息、订票、炒股等个人应用，缺乏更多、更广泛、更具吸引力的应用，这无疑会对 WPKI 技术和应用的发展起到一定的制约作用；

⑥我国没有正式颁布有关数字签名、电子文档及认证中心等方面的法律法规，使得数字签名得不到法律的保护，这在一定程度上影响了人们对 WPKI 的信任，同时也会影响到 WPKI 技术的应用和普及。

移动电子商务随着移动互联网技术的成熟发展迅速，其独特的应用领域使得其安全问题备受关注。从技术角度上看，一方面无线通信的安全处在不断地发展和完善之中，其应用到移动电子商务中时要与其他的安全机制相结合才能满足实际应用的需要；另一方面有线电子商务的安全技术不能解决移动电子商务的安全问题，所以 WPKI 技术是一个现实的选择。因此，将这两方面进行改进并进行有机整合，才能营造一个安全的移动电子商务环境。展望未来，随着手机普及率的提高和移动商务服务的多样化，作为无线网络通信中交易环境的守护神，WPKI 的市场应用会有很大的发展潜力，其技术会进一步成熟和完善，它必将成为无线通信安全领域研究讨论的热点。

2. WLAN 安全体系

WLAN 的安全机制一直都是技术发展中最受争议和关注的，WLAN 标准制定组织（IEEE）和 Wi-Fi 联盟等先后对 WLAN 标准中的安全机制进行数次改进。

现有安全机制特点及其缺陷：

（1）MAC 地址过滤

每个无线客户端网卡都有唯一的物理地址标识 MAC，因此可以在 AP 中手工维护一组允许访问的 MAC 地址列表，实现物理地址过滤。物理地址过滤属于硬件认证，而不是用户认证。这种方式要求 AP 中的 MAC 地址列表必须随时更新，目前都是手工操作；但其扩展能力很差，因此只适合于小型网络。另外，非法用户利用网络侦听手段很容易窃取合法的 MAC 地址，而且 MAC 地址并不难修改，因此非法用户完全可以盗用合法的 MAC 地址进行非法接入。

（2）有线等效保密

有线等效保密（WEP）是 IEEE 于 1997 年推出的第一个基于 WLAN 的安全措施。WEP 认证采用共享密钥认证，通过客户和接入点之间命令和回应信息的交换，命令文本明码发送到客户，在客户端使用共享密钥加密，并发送回接入点。WEP 使用 RC4 流密码进行加密。RC4 加密算法是一种对称的流密码，支持长度可变的密钥。WEP 也存在严重安全缺陷。

①缺少密钥管理。用户的加密密钥必须与 AP 的密钥相同，并且一个服务区内的所有用户都共享同一把密钥。WEP 标准中并没有规定共享密钥的管理方案，通常是手工进行配置与维护。由于同时更换密钥的费时与困难，所以密钥通常长时间使用而很少更换，倘若一个用户丢失密钥，则将殃及整个网络。

②完整性校验值（ICV）算法不合适。ICV 是一种基于 CRC-32 的用于检测传输噪音和普通错误的算法。CRC-32 是信息的线性函数，这意味着攻击者可以篡改加密信息，并很容易地修改 ICV，使信息表面上看起来是可信的。能够篡改加密数据包使各种各样的非常简单的攻击成为可能。

③ RC4 算法存在弱点。在 RC4 中，人们发现了弱密钥。所谓弱密钥，就是密钥与输出之间存在超出一个好密码所应具有的相关性。在 24 位的 IV 值中，有 9000 多个弱密钥。攻击者收集到足够的使用弱密钥的包后，就可以对它们进行分析，只需尝试很少的密钥就

可以接入网络中。

（3）WEP 保护接入（WPA）

WPA 是 Wi-Fi 联盟（WFA）为了弥补 WEP 的缺陷采用的最新安全标准，是 802.lli 解决方案的一个过渡措施。在 802.lli 草案期间 WFA 推出了这个暂时的方案。WPA 是 WEP 的升级版，它主要通过无线网络加密和识别身份，加强无线网络的安全保护和管理能力。

WPA 使用认证 - 端口访问控制技术 IEEE802.11X 和扩展认证协议（EAP）。IEEE802.11X 提供无线客户端与 RADIUS 服务器之间的认证。EAP 是 PPP 认证的一种普遍协议，支持多重认证机制。WPA 的加密采用一套被称作暂时性密钥集成协议（TKIP）的更复杂的加密技术，它采用的是在每个信息包内添加密钥的方法。

不过 Wi-Fi 联盟发言人 Brian Grimm 指出，WPA 在三个方面存在缺憾：

①不能为独立基础服务集（IBSS）网络（对等无线网络）提供安全支持。IBSS 可以让两台客户端计算机在无线局域网上不通过中间媒介进行对话。

② WPA 不能在网络上对多个接入点进行预检，而预检对于从一地到另一地的漫游非常重要。

③ WPA 不能支持高级加密标准（AES）。如果使用 AES 的话就需要为客户机增加额外的计算能力，也就意味着增加了成本。

（五）移动电子商务中的身份认证与安全问题

1. 传统电子商务中的身份认证

针对电子商务中交易当事人身份认证的难题，主要国际组织和国家已经或者正在制定实施有关电子商务的法律来改变这种状况，例如，早在 1998 年联合国国际贸易委员会制定的《数字签名统一规则》，欧盟 1998 年公布的《欧盟电子签名法律框架指南》和 1999 年通过的《数字签名统一规则草案》，1998 年国际商会制定并通过的《数字签名法》，1998 年新加坡的《电子交易法》及 2000 年美国的《电子签名法案》等。所有这些有关电子商务的立法都确立了数字签名的法律效力和电子认证机构的地位，并以此来确认交易当事人的身份。其表现为：

第一，以数字签名鉴别交易当事人身份与文件归属问题。数字签名又被称为“公开密匙加密”。其基本原理是当事人选择一对很大的质数作为密匙，用其中一个对文件加密，用另一个质数解密。在具体应用中，签名一方将公开密匙公开，用私人密匙在文件上加密签名后发给收件人，收件人用已知的公开密匙解开文件并验证电子签名的正确性。通过数字签名验证，产生的法律后果是：文件自从签名后从未被篡改过；标识了签名人的身份且表明文件归属于签名人。

第二，以认证机构的认证鉴别密匙及其持有人的可信度问题。电子认证机构作为独立于交易各方的权威机构，负责管理公开密匙数据库，通过向交易各方发放数字证书，确认公开密匙与持有人的关联性和交易各方的身份。另外，还在交易双方或者第三人对当事人身份或交易内容有质疑时，提供有关当事人的资信状况和资料。通过认证机构的认证，产生的法律后果是对数字签名的有效性最终确认。

国外电子商务中，交易当事人身份认证引入数字签名和认证制度，具有易更换、难伪造、可进行远程线路传递的优点，保障了网上信息传输的安全性、真实性和不可否认性，以其低成本、安全可靠性有效地解决了交易当事人身份认证的困境，其先进性与合理性是其他制度所不能比拟的。但是，数字签名和认证制度也存在不可避免的缺陷。第一，它建立的理论前提是数字签名和认证制度技术上具有绝对的先进性，能绝对保证网络安全。事实上任何技术的进步都是相对的，任何网络的安全也是相对的，用更先进的技术武装起来的黑客将轻而易举地破译此种密匙，威胁电子商务交易安全，因此该理论的前提站不住脚。第二，基于上述理论假设，该制度将密匙被盗用的责任风险全部推到通常是消费者的持有人身上，规定如果文件上数字签名是错误或伪造的，但持照经营的认证机构在认证时遵循了法律的要求，则其不应对他人因信赖这些错误的或伪造的数字签名而遭受的任何损失负责。这显然违背了民法的公平理念，忽视了对弱势当事人利益的保护。

2. 移动电子商务中的身份认证

从移动电子商务的网络结构分析，有可能遭受攻击的地方主要有：移动终端与交换中心之间的空中接口、移动网关与应用服务提供商之间的传输网络。一方面，虽然 GSM 采用了比较先进的加密技术，可是由于移动通信的固有特点，手机与基站之间的空中无线接口是开放的，这给破译网络通信密码提供了机会。而且信息一旦离开移动运营商的网络就已失去了移动运营商的加密保护。因此，在整个通信过程中，包括通信链路的建立、信息的传输（如用户身份信息、位置信息、用户输入的用户名和密码、语音及其他数据流）均存在被第三方截获的可能，从而给用户造成损失。另一方面，在移动通信系统中，移动用户与网络之间不像固定电话那样存在固定的物理连接，商家如何确认用户的合法身份，如何防止用户否认已经发生的商务行为，都是急需解决的安全问题。移动网关一般是实现信息格式的转换，但也有的移动网关（如 WAP 网关）对信息进行加解密处理，因而整个移动电子商务的安全链条就存在安全断点。如何解决好移动支付的安全问题，并且通过宣传培养用户通过移动终端进行消费的信心，是决定移动电子商务下一步发展的关键。

在无线世界里，由于空中接口的开放，人们对于进行商务活动的安全性的关注远超过有线环境。仅当所有的用户确信，通过无线方式所进行的交易不会发生欺诈或篡改，进行的交易受到法律的承认和隐私信息被适当地保护，移动电子商务才有可能成功和推广。前节所述，WPKI 技术满足移动电子商务安全的要求。

（六）手机病毒和黑客

1. 手机病毒

（1）计算机病毒

①计算机病毒的定义。计算机病毒是指编制或者在计算机程序中插入的破坏计算机功

能或者毁坏数据，影响计算机使用，并能自我复制的一组计算机指令或者程序代码。就像生物病毒一样，计算机病毒有独特的复制能力，可以很快地蔓延，又常常难以根除。它们能把自身附着在各种类型的文件上，当文件被复制或从一个用户传送到另一个用户时，它们就随同文件一起蔓延开来。

②计算机病毒的特征。计算机病毒的特征主要包括：非授权可执行性、隐蔽性、传染性、潜伏性、表现性或破坏性以及可触发性。

③计算机病毒的发展过程。计算机病毒的发展过程主要经历了三个阶段：20 世纪 60 年代初，美国贝尔实验室里，三个年轻的程序员编写了一个名为“磁芯大战”的游戏，游戏中通过复制自身来摆脱对方的控制，这就是所谓“病毒”的第一个雏形，20 世纪 70 年代，美国作家雷恩在其出版的《P1 的青春》一书中构思了一种能够自我复制的计算机程序，并第一次称之为“计算机病毒”；1983 年 11 月，在国际计算机安全学术研讨会上，美国计算机专家首次将病毒程序在 VAX/750 计算机上进行了实验，世界上第一个计算机病毒就这样出生在实验室中；20 世纪 80 年代后期，巴基斯坦有两位靠编写软件为生的兄弟，他们为了打击那些盗版软件的使用者，设计出了一个名为“巴基斯坦智囊”的病毒，该病毒只传染软盘引导，这就是最早在世界上流行的一个真正的病毒。

④计算机病毒主要的防治策略。计算机病毒的防治要从防毒、查毒、解毒三方面来进行，系统对于计算机病毒的实际防治能力也要从防毒能力、查毒能力和解毒能力三方面来评判。“防毒”是指根据系统特性，采取相应的系统安全措施预防病毒侵入计算机；防毒能力是指预防病毒侵入计算机系统的能力。通过采取防毒措施，应可以准确地、实时地监测预警经由光盘、软盘、硬盘不同目录之间、局域网、互联网（包括 FTP 方式、E-mail、HTTP 方式）或其他形式的文件下载等多种方式进行的传输；能够在病毒侵入系统时发出警报，记录携带病毒的文件，即时清除其中的病毒；对网络而言，能够向网络管理员发送关于病毒入侵的信息，记录病毒入侵的工作站，必要时还要能够注销工作站，隔离病毒源。“查毒”是指对于确定的环境，能够准确地报出病毒名称，该环境包括内存、文件、引导区（含主导区）、网络等；查毒能力是指发现和追踪病毒来源的能力。通过查毒应该能准确地发现计算机系统是否感染病毒，并准确查找出病毒的来源，并能给出统计报告；查解病毒的能力应由查毒率和误报率来评判。“解毒”是指根据不同类型病毒对感染对象的修改，并按照病毒的感染特性所进行的恢复，该恢复过程不能破坏未被病毒修改的内容，感染对象包括内存、引导区（含主引导区）、可执行文件、文档文件、网络等。解毒能力是指从感染对象中清除病毒，恢复被病毒感染前的原始信息的能力；解毒能力应用解毒率来评判。

⑤杀毒软件工作原理。目前主流的杀毒软件的工作原理为：按一定的规则建立病毒特征库，当发现具有这些特征的文件时，将其视为病毒，然后通过杀毒机制将其杀除。即病毒产生在先，诊治手段在后，需要在病毒出现并发作后，才能知道有新的病毒出现，然后获取病毒加以研究，提取其病毒特征码并将该特征码加入病毒库之中，杀毒软件才具备了查杀这种新病毒的能力。即便如此，通过对照病毒库的特征码来查杀病毒还有两个重大的

缺陷：一个是普查病毒耗时费功。随着病毒种类的增多，检索时间则相应地需要增加。如果检索 8000 种病毒，必须对每一个文件对照 8000 个病毒特征代码逐一检查。随着病毒种数和硬盘所存文件数量的增加，检查病毒的时间开销就变得十分可观，用户在他的电脑上全面地查杀一次病毒，要花上一天两天的时间的例子并不少见。另一个缺陷就是，随着病毒种类的增加，其病毒特征码库则会越来越大，同时为了解决普查病毒的效率问题，软件本身也越来越复杂，也导致软件本身越来越大。在计算机杀毒方面，依照目前针对个人计算机用户的安全威胁的强度和广度来说，单单只配备一个“医生”似乎已经无法保障计算机系统的安全了，在杀毒技术上显得黔驴技穷的厂商们正趁机把握形势的变化，给广大计算机用户提供“医疗小组”，集成了多种功能的套装桌面安全软件，负责内科的防病毒医生、负责外科的防火墙医生、负责神经科的反垃圾邮件医生等，把整个杀毒软件系统搞得越来越大、越来越复杂，操作上也越来越麻烦。现在一个杀毒软件的大小一般都在 10MB 以上。这两个问题出现在手机上将会是致命的，而目前所谓的主动防御杀毒技术，仍然属于炒作概念的阶段，说起来让别人觉得是非常好听，但实际效果比起传统杀毒方式更加不尽如人意。

现在计算机杀毒软件还广泛地使用疑问提示机制，即当出现了杀毒软件自身无法判断的可疑行为时，则弹出对话框，以人机对话方式交由用户进行判断，这是杀毒软件的烦人之处。这里存在两个问题，一个是不断地弹出对话框，对用户来说这其实是一种干扰；并且，对一般的计算机使用者来说，要分清哪个可疑行为是病毒的结果并不是一件简单的事情。

（2）手机病毒

2000 年，世界上出现首个针对手机的 Timofonica 短信系统漏洞程序，也就是第一款手机病毒。随着智能手机的普及，2004 年 6 月，针对诺基亚 S60 系列的病毒出现。随后各种病毒接踵而至，如 2007 年 3 月，全球第一个 MMS 彩信病毒出现，被命名为 CommWarrior.A 的病毒会在被感染的手机上复制数份拷贝，并通过手机中的通讯录利用 MMS 方式将拷贝发送给机主的联系人。至目前所发现的手机病毒已有数百种之多。

手机病毒同 PC 病毒相似，当前主要以破坏性的病毒木马和间谍、监听监控病毒为主。病毒抓住手机的安全漏洞进行攻击，或者假装骗取手机用户执行相应病毒程序，并且利用手机的网络进行快速传播。作为手机病毒，首先要有几个特性：传播性，通过各种方式对更多的设备进行感染；传染性，能够通过复制来感染正常文件，破坏文件的正常运行；破坏性较轻的病毒会降低系统性能，破坏性较强的病毒会造成数据丢失和系统崩溃，还可偷盗个人信息。

手机病毒不仅具有计算机病毒危害的全部特点，轻则让手机无法正常使用，手机的程序失效、数据丢失，无法开机，无法正常使用手机，或清空记事簿和通讯录；重则让手机操作系统崩溃，而手机系统一旦崩溃，个人用户是无法在手机上重新安装操作系统的，也就意味着整个手机基本上是报废了。更加令人生畏的是，有些手机病毒虽然不针对手机操作系统本身进行攻击，但这些病毒发作的后果对手机用户来说更为严重，这些病毒可能会自动乱打手机用户的电话，如拨打国际长途、声讯台等，使用户产生巨额话费；乱发短信进行骚扰，如发送恶意短信给你通信录中的朋友，导致朋友的误解或者使朋友手机感染病毒，造成用户信用上的损失；恶意地进行“短信支付”，如“帮”您订购各种收费业务，乱买乱卖开通手机炒股用户的股票，还有可能在已开通手机支付的手机上划拨现金，已经直接威胁到了用户的经济安全。

从上述可见，计算机杀毒技术明显落后于计算机病毒技术。然而，确保手机的安全性远比确保计算机安全性更为重要，手机由于受到它的硬件配置和操作系统设计思路的特点等限制，使得在手机上并不适合运行计算机设计的中大型软件，尤其是当杀毒软件的完整版在杀毒时都显得力不从心之际，指望通过这些电脑杀毒软件的“精减瘦身”后的手机版来实现防卫用户的手机安全是不现实的。所以，手机杀毒显然不能简单地套用计算机杀毒模式，把计算机杀毒的思路用于手机杀毒软件的设计之上，而需要以全新的杀毒概念来确保手机用户的安全。

（3）手机病毒的防范

预防手机病毒的一些措施如下：

①接收蓝牙传送文件应谨慎，以避免收到病毒文件；

②不慎中毒应暂时关闭手机上的蓝牙接收功能，以免继续搜寻感染目标；

③收到来路不明的短信，不要打开，应直接删除；

④不要安装来路不明的手机程序；

⑤去合法、正规的官方网站下载手机铃声、手机游戏；

⑥安装专门的手机防毒软件。目前网上已有相关的防毒补丁下载，用户只需要将补丁下载并安装至手机中即可。

此外，如果手机不慎中毒，应立即关机取出 SIM 卡，然后对手机进行病毒查杀。

2. 手机黑客

很多人已经习惯了手机上网、炒股和银行转账，也有很多人正向往着无线冲浪的便捷。然而这种曾经以为绝对安全的生活方式，正遭到木马程序、间谍软件等的攻击。例如，安装了窃听软件的手机，会成为一个窃听器，把周围声音录下来；著名的希尔顿集团女继承人帕里斯•希尔顿的手机，就曾被黑客光顾过，手机中所存储的全部内容，包括许多名人的电话号码、内置相机所保存的个人照片以及非常隐私的记事本内容等，都被悉数曝光。

尽管眼下手机黑客的名声，还远没有电脑黑客那么大，可是，现在一些手机黑客已经从单纯搞恶作剧，转向了有目的的牟取不义之财，这个地下产业形成的速度比计算机黑客要快得多。

在移动电子商务中，手机将会跟支付关联起来，跟用户的银行卡关联起来，也就意味着将来黑客有可能通过某种技术手段，实现一些其他更重要的，跟商务信息相关的窃取。此外，由于在移动电子商务活动中，手机中不仅仅存储了用户大量个性化、隐私、机密信息，同时手机往往是个人身份的标识，由此可以看出，如何严防手机黑客的攻击已成为移动电子商务安全中的重要问题。

五、移动电子商务与法律

移动电子商务结合了传统电子商务与先进的移动通信技术，是电子商务发展的最新形态。在电子合同的订立、小额电子资金的划拨、移动证券委托等许多方面都有其独特之处，目前还没有出台专门的关于移动电子商务的法律，相关问题只能参照《民法通则》《合同法》《商业银行法》《证券法》及其相关法规。移动电子商务将会是今后电子商务的发展趋势，用手机和 PDA 等移动终端来进行交易和支付将更灵活方便。因此，研究移动电子商务中的法律问题颇为重要。

（一）电子商务的法律问题

为了理解移动电子商务的法律问题，下面首先阐述一下电子商务的法律问题。

电子商务既有传统商务活动中遇到的法律问题，也有传统商务活动中不会出现的法律问题。从总体看，在电子商务范畴内的各个具体层面及运行过程中，需要法律解决的主要是电子商务中有关电子合同、税收、知识产权、个人隐私、消费者保护、电子化交易的证据等方面的问题。

1. 电子商务对合同法的挑战

电子合同一般是指通过互联网或 EDI 所订立的、明确当事人彼此之间权利和义务关系的协议，有时也称作“无纸合同”，以区别于传统意义上的合同。电子合同在实施过程中会遇到的法律问题包括：要约和承诺是否可以撤销；电子合同的生效时间和生效地点如何确定；合同与单据的手工签字问题等。对于这些问题，传统合同法是难以回答和解决的，这就要求必须研究制定出新的合同法规则或建立电子商务法。

2. 电子商务对税法的挑战

在电子商务实施过程中，营业主体的地点和经营范围不固定，数据信息易于删除、修改、复制等，这为税务部门获取电子商务的真实交易资料带来极大的不便。此外，电子商务中生产、流通、分配、消费等环节的界线在一定程度上难以区分，这对网上交易征税时税种的确定带来困难。因此，为适应电子商务交易的特点，有必要制定电子商务税收法律制度。

3. 电子商务对知识产权法的挑战

互联网是大容量信息存储和传递的平台，有一部分信息是从网外媒体上得到的，有一部分是从其他网站转载的，还有一部分是原创的。那么未经同意和支付报酬就使用网络信息的网站或用户就构成著作侵权。然而支付报酬操作起来很困难，如何在保护作者权益和维持网站信息的丰富多样性之间寻求平衡，是知识产权法的新任务。

4. 电子商务对银行法的挑战

网络支付在电子商务活动中越来越普及，而传统银行法中的货币发行、支付风险、支付责任等规定很难直接套用。因此，类似于电子货币的发行人是哪些机构、电子支付的安全性由谁保障、支付中出现现金冒领等损失由谁承担等问题都应制定新的法律规范予以调整。

5. 电子商务对消费者权益保护法的挑战

在电子商务环境下，消费者由被动变为主动，消费者行为更加信用化、理性化和个性化，消费者更关注自身权益能否得到法律的切实保护。现有消费者权益保护法，无法对网上消费者对商品和服务的知情权、退货权、隐私权等提供充分的保护。因此，应当考虑电子商务消费者的消费特点，制定新的电子商务消费者权益保护规则。

6. 电子商务对证据法的挑战

传统的诉讼法中，证据的种类、证据的形式、证据的证明力等都与纸质的证据有一定的关系。现有的证据法在实施中会遇到一些问题：数据电文若无原件，诉讼中的举证方法如何确定；数据电文若作为证据，它是独立的证据种类，还是传统证据的某一种形式；数据电子证据的排他性、防伪造问题；等等。因此应改变传统的证据法，以适应电子商务环境。

在电子商务环境下，网络的虚拟性、开放性等特点使得电子商务存在很多不安全因素，为了保证电子商务活动的顺利进行，电子商务法律在很多方面都与传统商务法律有所不同，如在立法原则方面，传统商务法遵循一般的立法原则，而电子商务法除遵循一般的立法原则外，还应遵循国际性、技术性及功能等同原则等。

（二）移动电子商务中的电子合同

移动电子商务的一大特点是交易合同的缔结是在互联网与移动通信网上完成的。如何通过短信传输的方式缔结合同，并且使合同缔结方式被法律承认，是移动电子商务面临的基本法律问题。

1. 电子合同的概念

电子合同，又称电子商务合同，根据联合国国际贸易法委员会的《电子商务示范法》以及世界各国颁布的电子交易法，同时结合我国《合同法》的有关规定，电子合同可以定义为：电子合同是双方或多方当事人之间通过电子信息网络以电子的形式达成的设立、变更、终止财产性民事权利义务关系的协议。电子合同是以电子的方式订立的合同，其主要是指在网络条件下当事人为了实现一定的目的，通过数据电文、电子邮件等形式签订的明确双方权利义务关系的一种电子协议。

电子合同作为一种崭新的电子化协议，除了具有纸质合同的一般特征外，还具有自身的一些特点：电子合同的订立和传递都通过计算机网络进行，电子合同订立的整个过程所采用的是电子形式，通过电子邮件、EDI 等方式进行电子合同的谈判、签订及履行等。电子合同订立同样要经历要约和承诺两个过程，只是这两个过程都能以电子的形式完成。

2. 电子合同的订立

电子合同的订立，是缔约人做出意思表示并达成合意的行为和过程，根据《合同法》第 13 条规定：“当事人订立合同，采取要约承诺方式。”因此，电子合同作为合同中的一种特殊形式，其订立与传统的合同一样需要具备相关的要素、条件，遵循要约承诺的合同缔结模式。

3. 承诺生效的时间及地点

电子合同的成立时间，是指电子合同开始对当事人产生法律约束力的时间。在一般情况下，电子合同的成立时间就是电子合同的生效时间，合同成立的时间是对双方当事人产生法律效力的时间。一般认为，收件人收到数据电文的时间即为到达生效的时间。联合国《电子商务示范法》第 15 条和我国的《合同法》第 16 条的规定基本相同。如收件人为接收数据电文而指定了某一信息系统，该数据系统进入该特定系统的时间，视为收到时间；如收件人没有指定某一特定信息系统，则数据电文进入收件人的任一信息系统的时间为收到时间。对于什么是“进入”，一项数据电文进入某一信息系统，其时间应是在该信息系统内可投入处理的时间，而不管收件人是否检查或者是否阅读传送的信息内容。

电子合同的成立地点，是指电子合同成立的地方。确定电子合同成立的地点涉及发生合同纠纷后由哪地、哪级法院管辖及其适用法律问题。我国《合同法》第 34 条规定，承诺生效的地点为合同成立的地点，采用电子意思表示形式订立合同的收件人的主要营业地为合同成立的地点，没有主要营业地的，其经常居住地为合同成立的地点，当事人另有约定的从其约定。我国立法对电子意思表示采取的是“到达主义”，所以规定以收到地点为合同成立的地点，其原因是考虑到当事人意思自治原则和特殊性问题。我国《合同法》第 34 条之所以这样规定，主要是因为电子交易中收件人接收或者检索数据电文的信息系统经常与收件人不在同一管辖区内，上述规定确保了收件人与视为收件地点的所在地有着某种合理的联系，可以说我国《合同法》这一规定充分考虑了电子商务不同于普遍交易的特殊性。

一般而言，在用户经由网络下载电子文件而与供应商建立合同关系时，供应商可经由网络对用户迅速传送移动设备终端应用软件及其他产品，这种合同可以下列 3 种方式订立。

①供应商可经由网络向客户提供相关的产品条款，客户必须在详细阅读并决定接受该条款的约定后，才会被允许进行资料下载的动作。这种动作应该被视为一种承诺，因此，这类合同条款应具有法定效力。

②供应商可在其网络上将促销商品的相关合同条款呈现于网络，并显示：“一旦用户使用了或安装了所促销的商品，即表示接受了合同条款。”在此情况下，如果用户使用或安装了相关商品，自然应视为一种承诺。

③在网络上的电子文件并未提示任何使用须知，针对这种情况，应当参考当事人双方之间的约定或是业界一般做法作为事实认定之依据。

（三）SIM 卡与电子货币

1. SIM 卡

SIM（Subscriber Identity Module，用户识别模块）卡是一张符合 GSM 规范的“智能

卡”，它内部存储着与用户有关的个人信息和网络信息，包括鉴权和加密信息Ki、国际移动用户号（IMSI）、A3IMSI认证算法、A5加密密匙生成算法、A8密匙生成算法、呼叫限制信息、缩位拨号信息。此外，为了网络操作运行，SIM卡还应能存储一些临时数据：临时移动台识别（TMSI）、区域识别码（LAI）、密匙（Kc）。为了更好地实现移动通信增值业务，移动通信运营商已经推出新一代的SIM卡——STK（SIM Tool Kit，SIM卡开发工具包）。要使用手机附加增值业务，如手机银行、手机炒股、短信点播等，都要求将普通的手机SIM卡更换为STK卡。STK技术为SIM卡的增值业务提供了可开发的环境，即一个简单、易操作的开发平台，它允许基于智能卡的SIM卡运行自己的应用软件。STK智能卡主要有5种类型：记忆卡、处理器卡、电子钱包卡、安全卡和Java卡。STK技术被广泛地应用于手机银行、股票交易、外汇买卖和理财秘书等领域。

2. 电子货币

电子货币（Electronic Money）是指用一定金额的现金或存款从发行者处兑换并获得代表相同金额的数据，通过使用某些电子化方法将该数据直接转移给支付对象，从而能够清偿债务。根据以上电子货币的定义，在移动电子商务中，消费者通过购买移动运营商提供的充值卡而预先把一定的电子货币存储在SIM中，因此，SIM卡中存储的电子信息是一种电子货币。

目前，电子货币主要分为储值卡、信用卡、电子支票、电子现金、数字现金和电子钱包等形式。

①储值卡，是指某一行业或公司发行的可代替现金用的IC卡或磁卡，如电话充值卡等。

②信用卡，是银行或专门的发行公司发给消费者使用的一种信用凭证，是一种把支付与信贷两项银行基本功能融为一体的业务。

③电子支票，是一种电子货币支付方法，其主要特点是，通过计算机通信网络安全移动存款以完成结算。

④电子现金、数字现金，是一种表示现金的加密序列数，它可以用来表示现实中各种金额的币值。随着基于纸张的经济向数字经济的转变，电子现金将成为主流。

⑤电子钱包，是电子商务活动中网上购物顾客常用的一种支付工具，是在小额购物或购买小商品时常用的新式钱包。

3. 电子货币的法律问题

当前，随着移动电子商务的发展，电子银行业务不断普及，电子货币自然成为交易的关键因素。如何处理好电子货币替代传统货币、电子银行“取代”传统银行之间的衔接，已成为亟待解决的问题。此外，在发行和使用电子货币的过程中尚存有一系列阻碍电子货币的法律问题，具体表现为以下方面。

（1）电子货币的法律效力问题

电子货币以电子数据的形式存储于计算机或IC卡中，那么这种电子数据是否具备与以纸面为物质载体的纸币同等的效力就成为法律首要解决的问题。

（2）电子货币的安全性问题

电子货币将传统孤立的系统环境转变成开放的充满风险的环境，从而使网上交易增加了一些诸如鉴定、认可、完整性方面的问题，而且这些问题可能在消费者、商家或发行者任何一个层次上发生。因此，电子货币安全问题也是立法应该充分考虑的问题之一。

（3）电子货币的监管问题

如果对电子货币加密，其实就等于记名一样，如果不记名，则连密码都不能加。问题是如果使用不记名的电子货币，则一些犯罪活动，如洗钱、贩毒、恐怖活动、买卖军火等将大肆猖獗，而执法机构将无法在网络中查出这些电子货币的来源或去处，在此情况下，则又形成无法保护使用者的局面。毫无疑问，电子货币无国界并可在瞬间转移的特性将造成治安上的死角。法律应当权衡两者，在两者之间做出一个平衡的规定。

（4）电子货币的隐私权保护问题

在电子货币的交易中，有关结算信息会被大量积累储存到结算服务提供者处。不同的电子货币种类和结算类型所涉及的个人信息有所差异，所涉个人信息的隐私程度和范围也有所不同。客户对结算服务提供者处大量积累个人信息未必能理解，由此产生不安全感。所以，结算提供者应对其存储和积累的个人信息的范围和隐私程度公开向客户做必要的说明，并保证该信息的积累和使用仅为保证交易的安全。

（四）移动证券交易的法律问题

1. 证券交易

所谓证券，是指资金需求者为了筹措资金而向社会公众发放、由社会公众购买且能对一定的收入拥有请求权的投资凭证。证券与其他类型的财产相比，不仅是一种较新型的财产，更具有非常独特的性质，因而发达的证券市场均发展出完善的特殊法律规则以管理证券财产，如证券登记、托管、交易、结算等法律制度。投资者持有证券所有权的方式随着整个证券市场条件的演变也在不断变化，主要是为了降低证券交易成本、促进证券财产流转，并且也不断实验着保护投资者权利的种种方法。

2. 证券委托

证券委托，指投资者向证券交易所会员进行具体授权买卖证券的行为。我国的证券交易所实行会员制，只有具备证券交易所会员资格的证券公司才能够在证券交易所内进行证券交易，不具有会员资格的一般投资者只有委托证券公司才能实现交易。由此可见，在交易程序上，一般投资者须经过委托程序，而对从事自营业务的综合类证券公司，就不必经过这一程序。

证券商与投资者之间，存在两种基本的法律关系：一种是证券商委托进行证券交易结算的法律关系，即行纪法律关系；另一种是证券商与投资者在单纯的资金账户和证券账户方面的法律关系，是证券交易、结算之前或之后的法律关系，实际上是托管法律关系。客户进行证券买卖之前，需要在证券商处开立证券账户和资金账户；客户在购买证券之前，需要在资金账户中存入资金；在卖出证券之前，需要在证券账户中存入证券。买入的证券可以继续托管在该证券商处，也可以不托管；卖出证券所得资金也可以存在资金账户或提出。因而证券商为客户开设的资金账户中的资金和证券账户中的证券是证券买卖的前提或结果，但不是证券买卖本身。

3. 移动证券业务详情

目前，中国移动公司推出的基于无线网络应用，服务于金融证券行业的开放式综合业务平台——“移动证券”，提供移动证券无线应用服务和移动证券声讯（IVR）应用服务。通过手机操作或 IVR 方式，可实现以下功能。

（1）实时行情

实时行情界面清晰，提供强大的图表分析功能（走势图、日 / 周 / 月等 K 线图），操作简便，同时提供自选股等个性化管理功能。提供深沪两市 A、B 股及基金、债券的实时行情查询。

（2）股市资讯通

为用户提供及时、全面、权威的财经资讯、个股点评、大盘分析，与知名专家实时互动交流。汇聚名家策略、要闻分析、热点透视、潜力股推荐、投资组合等权威资讯。

（3）在线交易

通过手机进行深沪两市各种证券品种的交易、查询、转账等各项业务，操作简便、兼容性强。买入、卖出、撤单、查询、银证转账、修改密码、传真服务、人工服务等。

从上面的介绍中不难看出，“实时行情”与“股市资讯通”这两项服务是向投资者提供有关证券交易的信息和证券市场行情的信息，可以归入信息提供一类，其所涉及的法律问题主要是：证券信息所涉及的版权问题以及证券监管部门对发布证券信息的特殊要求。而“在线交易”服务则是向投资者提供便捷的证券交易方式，属于证券交易一类，其所涉及的法律问题主要是证券的交易过程及其风险承担。从两种服务的关系来看，信息提供是为证券交易服务的。

4. 移动证券交易法律关系

中国移动公司为证券交易提供无线网络服务，不但改变了证券交易的方式，而且改变了证券交易的法律关系。中国移动公司参与证券交易过程，有两种方式可供选择：其一，直接参与，即中国移动公司与证券公司一起作为共同的受托人，与投资者签订委托合同；其二，间接参与，即中国移动公司不参与委托合同的签订，而是由与其有合作关系的服务提供商（SP）和证券公司作为共同的受托人，与投资者签订委托合同。与此同时，中国移动公司与 SP 再签订合作合同。两种方式比较，前者的法律关系虽然简单，但是中国移动公司将面临更大的法律风险；后者的法律安排虽然关系复杂，但是却可以避免一定的诉讼纠纷。

根据法律风险、经营风险、政策风险以及经营成本的分析，中国移动公司参与证券交易的最好方式是与 SP 签订合同，发挥自身移动通信方面的技术优势，为证券交易提供无线网络应用平台；而 SP 与证券公司作为共同委托人，与投资者签订委托合同。

5. 移动证券委托应当注意的法律问题

目前，我国还没有关于利用无线网络进行证券委托的法律法规，唯一可以借鉴的是《网上证券委托暂行管理办法》（以下简称《办法》）。由于互联网的开放性，自其问世以来，资源共享和信息安全一直作为一对矛盾体而存在着。基于网络系统内在的脆弱性、对网站管理的麻痹、不正确的安全策略和安全机制以及缺乏先进的网络安全技术等原因，网络黑客（Hackers）对互联网的攻击越来越猛烈，网站遭受破坏的事例不胜枚举。证券业作为一个开放的、社会化的行业，其安全关系着国家和投资者等多方面的利益。如果在线证券交易系统因遭受黑客攻击而被破坏，受到影响的将不仅仅是几个投资者，而可能是一个国家整个的金融体系。因此，《办法》对网上证券委托进行了相对严格的法律规制。在《证券公司网上委托业务核准程序》中，证监会则通过申请受理、初审、专家审核、核准决定的严格程序保证网上证券委托业务的安全性、可靠性。因此，移动证券委托按照《办法》的高标准来执行，应当更有利于保护投资者的利益。以下是对《办法》的具体分析，移动证券委托应当参照执行。

（1）开户审查

《办法》对于在线证券交易的委托做了明确规定。依据第 6 条的规定，只有证券公司合法经营场所依法开户的投资者才有权申请进行网上委托，申请获准者方能进行网上委托；这种申请必须由本人亲自申请，不得代理申请；投资者申请时应向证券公司提供身份证明原件，证券公司应向投资者提供证实证券公司身份、资格的证明材料。这充分保障了在线投资主体的身份的真实性，值得肯定。

（2）加密和身份认证

网络的开放性、信息的易获取或篡改性，要求在线交易必须采取相应的技术安全措施。这也就是通常采用的加密和身份认证制定。《办法》第 17 条和第 18 条分别规定了这两个安全措施，要求证券公司在互联网上传输的过程中，必须对网上委托的客户信息、交易指令及其他敏感信息进行可靠的加密；采用可靠的技术或管理措施，正确识别网上投资者的身份，防止仿冒客户或证券公司身份；必须有防止事后否认的技术或措施。

（3）技术标准控制

技术系统必须到达一定的标准。《办法》第 21 条要求网上委托系统中有关数据安全、身份识别等关键技术产品，必须通过国家权威机构的安全性测评；网上委托系统及维护管理制度应通过国家权威机构的安全性认证；涉及系统安全及核心业务的软件应由第三方公证机构（或双方认可的机构）托管程序源代码及必要的编译环境。密码产品的主管机关是国家密码委；与互联网有关的安全产品、系统及管理体系的测评认证，由国家技术监督管理局所属的中国国家信息安全测评认证中心负责。

（4）风险揭示

《办法》第 7 条规定，证券公司应制定专门的业务工作程序，规范网上委托，并与客户本人签订专门的书面协议，协议应明确双方的法律责任，并以《风险揭示书》的形式，向投资者解释相关风险。第 22 条对揭示的方式和内容做了规范：证券公司在人口网站和客户终端软件上进行风险揭示。揭示的风险至少应包括：因在互联网上传输的原因，交易指令可能会出现中断、停顿、延迟、数据错误等情况；机构或投资者的身份可能会被仿冒；行情信息及其他证券信息有可能出现错误或误导；证券监管机关认为需要披露的其他风险。

（5）业务监督管理

《办法》对网上证券业务管理有严格的要求。第 15 条要求证券公司应安排本单位专业人员负责管理、监督网上委托系统的运行，并建立完善的技术管理制度和内部制约制度。第 16 条规定，网上委托系统应包含实时监控和防范非法访问的功能或设施；应妥善存储网上委托系统的关键软件（如网络操作系统、数据库管理系统、网络监控系统）的日志文件、审计记录。另外，第 19 条还要求证券公司根据本公司的具体情况采取技术和管理措施，限制每位投资者网上委托的单笔委托最大金额、单个交易日最大成交总金额。

（6）禁止托管

《办法》第 21 条要求证券公司应提供一个固定的互联网站点，作为网上委托的入口网站，同时要求证券公司必须自主决策网上委托系统的建设、管理和维护。有关投资者资金账户、股票账户、身份识别等数据的程序或系统不得托管在证券公司的合法营业场所之外（第 11 条）。禁止开展网上证券转托管业务。

（7）分业经营

《办法》第 10 条规定：“开展网上委托业务的证券公司禁止直接向客户提供计算机网络及电话形式的资金转账服务。”这里的银证转账服务指投资者以电子方式，在其证券资金账户和其他账户之间直接划转资金的银证转账业务。目前通过电话或网上银行手段，技术上可实现这种银证转账。例如，投资者持有某些种类的银行信用卡，通过拨打银行或证券公司提供的电话号码，按指令操作，有可能在证券账户与信用卡账户之间划转资金。根据分业经营的原则，需隔离证券交易和商业银行业务的风险。为了防止网上委托的数据受到非法窃取或改动，以致通过网络将非法收入转入银行账户，《办法》规定开展网上证券委托业务的证券公司不能直接向客户提供网络或电话形式的转账业务，采用网上委托方式的投资者，可以使用商业银行提供的银证转账业务。

（8）信息保密

为防止投资者或第三人利用网络获取证券公司业务信息，《办法》第 12 条规定网上委托系统和其他业务系统在技术上隔离，以禁止通过网上委托系统直接访问任何证券公司的内部业务系统。为了保护客户资料不被盗用，《办法》第 13 条要求未申请网上委托的投资者的所有资料与网上委托系统进行技术隔离。另外，第 14 条规定网上委托系统应有完善的系统安全、数据备份和故障恢复手段。在技术和管理上要确保客户交易数据的安全、完全与准确。客户交易指令数据至少应保存15年（允许使用能长期保存的、一次性写入的电子介质）。在投资者隐私方面，美国证券交易委员会（US Securities and Exchange Commission，SEC）要求应得到并评估在线公司的信息收集惯例；SEC应与其他职能管理者联合发表关于美国隐私权管理状况的报告，目前我国尚未对此做相关规定。

（9）信息披露

信息披露是指在证券市场上借助各种金融工具向公众筹集资金的公司及其相关的个人依照法律规定以完整、及时、准确的方式向所有投资者和整个证券市场公开、公平、公正地披露与该筹资行为及其持续性身份相关的信息。《办法》除了要求证券公司向投资者事先揭示在线交易的风险外，还要求证券公司披露各种信息要真实有效。第23条明确指出：证券公司开展网上委托业务的同时，如向客户提供证券交易的行情信息，应标识行情的发布时间或滞后时间；如向客户提供证券信息，应说明信息来源，并应提示投资者对行情信息及证券信息等进行核实。

（10）预防措施

《办法》第8条要求开展网上委托的证券公司，必须为网上委托客户提供必要的替代交易方式，以使在网络发生事故后，可以正常进行交易。移动证券声讯（IVR）应用服务属于替代交易方式。因此，当移动证券委托服务出现故障时，IVR应用服务的正常运行是投资者利益的保障，同时，也是移动运营商免责的条件。

（五）移动电子商务中的小额电子资金的划拨

1. 小额电子资金划拨概述

小额电子资金划拨又称消费者电子资金划拨（Consumer Electronic Fund Transfer），其当事人除发卡人（一般指银行）和持卡人（一般是银行客户）外，还涉及多个当事方，在各当事方之间形成了复杂的法律关系。和银行与客户的关系相同，小额电子资金划拨各当事方的关系，包括发卡人和持卡人的法律关系，各国法律和实践都认为大多也是合同关系。在移动电子商务中，电子资金的划拨问题更为复杂。

2. 移动电子商务中小额电子资金的划拨

第一种模式，移动电信运营商（如中国移动公司或中国联通公司）作为电子资金划拨的核心，充当类似金融机构的地位，并且划拨的电子资金属于SIM卡与移动中央数据库中的电子货币。移动电信运营商与用户的关系就是合同关系，移动电信运营商之所以接受其用户的支付指令以实施客户发动的电子资金划拨，是因为移动电信运营商与其用户间存在有关电子资金划拨的合同。这种合同属于标准合同，它通常是由移动电信运营商起草并作为开户条件交给用户的，而且并不是每一次、每一笔电子资金划拨都要签订这种标准合同。尽管如此，在电子资金划拨中，移动电信运营商与用户的关系仍是以合同为基础的。虽然合同的内容不尽相同，但移动电信运营商承担的基本义务是依客户的指示准确、及时地完成电子资金划拨；用户则有义务妥善保管好其所持SIM卡与密码，并在SIM卡遗失或被盗后及时通知移动电信运营商。

第二种模式，移动电信运营商与金融机构合作，为电子资金划拨提供无线网络服务。此时，划拨的资金属于用户在银行账户上的资金，与SIM卡中存储的电子货币无关。通过将用户的手机号码与其银行信用卡账户进行绑定，移动电信运营商只提供无线网络通信服务。移动电信运营商与金融机构之间也是合同关系。

与前一模式相比，移动电信运营商承担更小的法律风险，毕竟移动运营商不是专门的金融机构，它没有金融机构的资质，也没有相关的经营经验与技术人员。

用户（消费者）与服务商的关系，由双方订立的货物销售合同或服务供应合同决定。商品的买方或劳务的需求方在取得商品或接受劳务后，有义务向服务商支付货款或服务供应款，而作为商品的卖方或服务供应方的服务商在履行了供货或提供了服务义务后，有权要求用户支付货款或服务供应款，即要求用户发动一个以该服务商为受益人的电子资金划拨。

3. 消费者权益保护

（1）移动电子商务新业务的推广——对消费者选择权的保护

消费者的选择权是消费者根据自己的意愿自主地选择其购买的商品和接受的服务的权利。消费者的选择权有以下几方面的内容：

①消费者有权根据自己的需要和意愿选择商品和服务，其他人不得干涉；

②消费者有权自主选择作为其交易对象的经营者，购买其商品或接受其服务，任何经营者不得强迫消费者接受其提供的商品和服务；

③消费者对经营者经营的商品和服务有权进行比较、鉴别、挑选，购买自己满意的商品和服务；

④消费者有权自主地做出决定。

在比较、鉴别的基础上，消费者有权决定接受或者不接受某种商品或服务。只要在挑选过程中未对经营者的商品造成损害，经营者不得强迫其接受。

我国《消费者权益保护法》第9条规定："消费者享有自主选择商品或者服务的权利。消费者有权自主选择提供商品或者服务的经营者，自主选择商品品种或者服务方式，自主决定购买或者不购买任何一种商品、接收或者不接受任何一项服务。消费者在自主选择商品或者服务时，有权进行比较、鉴别和挑选。"

（2）信息披露——对消费者知情权的保护

知情权是消费者依法享有的了解与其购买、使用的商品和接受的服务有关的真实情况的权利。消费者以满足生活需要而购买商品或接受服务，因而，商品或服务只有在能满足消费者需要的情况下才会为消费者购买，否则，其需要就不能得到满足。而某种商品或服务是否能满足其需要，只有对该商品或服务了解的基础上才能知晓。同时，有些商品具有一定的危险性，消费者正确地进行消费也依赖于对商品的有关真实情况的了解。

消费者的知情权主要表现在：消费者有了解商品或服务真实情况的权利，即经营者向消费者提供的各种情况应是客观的而不是虚假的；消费者有权根据商品或者服务的不同情况，要求经营者提供商品的价格、产地、生产者、用途、性能、规格、等级、主要成分、生产日期、有效期限、检验合格证明、使用方法说明书、售后服务，或者服务的内容、规格、费用等有关情况。

由于移动电信运营商处于优势地位，消费者处于弱势地位，为维护消费者的利益，必须限制移动电信运营商对其优势地位的滥用。因此，移动电子商务的小额电子资金划拨，应当充分对移动电信运营商进行信息披露，以维护消费者的知情权。信息披露的方式包括如下几种。

①初始披露。初始披露指在移动电子商务中，提供电子资金划拨服务的移动运营商在与消费者签订电子资金划拨服务合同时应当披露与消费者账户有关的电子资金划拨的条件。

②条件变更的披露。条件变更的披露是指移动运营商应当通知消费者对消费者不利的服务条件的变更，即移动运营商必须在变更生效前以书面形式通知在初始披露中要求披露的信息的变更，以及将导致增加的费用或手续费、增加消费者的责任、可供使用的电子资金划拨方式的减少或在划拨的频率或金额方面更加严格的限制等方面的变更。如果账户条件的变更是为维护或恢复消费者账户或电子资金划拨系统的安全所急需，那么移动运营商可不经预先通知而实施此种变更，但如此种变更是永久的，则移动运营商必须在下一次定期报表中以书面形式通知消费者。

③定期披露。移动运营商应当为可能通过电子资金划拨方式存取消费者账户的每一消费者提供定期报表。如果某一账户既未划出也未划入资金，那么金融机构应至少每季度向消费者提供一次报表。定期报表的作用主要是向消费者提供关于向其账户划入资金及从其账户划出资金的最新信息，以及消费者控制其账户的能力的信息。

④实时披露。对于在电子终端由消费者发动的电子资金划拨，移动运营商应当在该划拨发动时通过短信息的方式向消费者提供该次划拨的电子文件。同时，移动运营商还应当在服务器上保留该项划拨的电子文件。

⑤预先授权电子资金划拨的披露。预先授权的电子资金划拨指事先授权的经基本固定间隔重复发生的电子资金划拨。与其他信息披露一样，预先授权电子资金划拨都致力于确保消费者得到关于借记或贷记其账户的电子资金划拨的充分信息。从消费者账户划出资金的预先授权的电子资金划拨只能由消费者以书面形式进行授权，且授权书副本应在进行划拨时提供给该消费者。如果预先授权的借记消费者账户在金额上是不断变化的，那么移动运营商每次必须在计划划拨日之前书面通知消费者计划划拨的金额和日期，或从消费者处得到以下授权：仅仅当计划划拨的金额超过了预先确定的范围时才向消费者发出这种通知。消费者有权在预定的划拨日前的任何时候以口头方式或书面形式通知移动运营商停止支付任何预先授权的借记电子资金划拨。

（3）消费者对未经授权的划拨的责任

未经授权的电子资金划拨是指：由消费者以外的未获发动划拨实际授权的人所发动的，

从该消费者账户划出资金而该消费者并未从该划拨受益的电子资金划拨。但本术语不包括下述任何电子资金划拨：

①由消费者向其提供该消费者账户卡、密码或其他存储工具的，该消费者以外的人发动的电子资金划拨，除非该消费者已通知有关机构不再授权他人发动电子资金划拨；

②由消费者或与其共谋的任何人发动的，具有欺诈意图的电子资金划拨；

③由金融机构实施的，构成一项错误的电子资金划拨。

一项特定的交易是否构成未经授权的划拨，常常引发一系列困难的事实问题与法律问题。例如，消费者可以授权其朋友或家庭成员为特定的有限目的而使用其移动终端（如手机），如果朋友或家庭划拨的金额超过了授权的金额，或在授权被撤销以后继续使用该设备，那么，这些划拨是否是未授权的就是一个难以回答的问题。

一般来讲，只有在满足下列先决条件的前提下，消费者才对涉及其账户的未经授权的电子资金划拨承担责任。

①该划拨是使用一个消费者已接受的卡或存取工具发动的，“已经接受的卡或其他存取工具”指，当向其签发卡或其他存取工具的人以在账户间划拨货币为目的或以获得货币、财产、劳务或服务为目的，已要求并接受或已签署或已使用此类卡或其他存取工具之时，以发动电子货币为目的的，适用于消费者账户的卡、密码或其他存取工具。

②电子资金划拨机构已提供一种方法，以确认持有存取工具的消费者的身份。

③电子资金划拨机构已向消费者进行关于消费者对未经授权的划拨的责任的披露。已向消费者提供在消费者认为已经发生或可能发生未经授权的划拨情况时受理通知的人员或办公室的电话号码和地址，以及该机构的营业日。

综上所述，移动电子商务结合了传统电子商务与先进的移动通信技术，是电子商务发展的最新形态。在电子合约的订立、小额电子资金的划拨、移动证券委托等许多方面都有其独特之处，目前还没有出台专门的关于移动电子商务的法律，相关问题只能参照《中华人民共和国民法通则》《中华人民共和国合同法》《中华人民共和国商业银行法》《中华人民共和国证券法》及其相关法规。明确移动电子商务的特点，区分其与传统商业贸易的不同之处，对正确运用民商法基本理论、适用相关法律法规解决出现的问题将大有裨益。特别值得强调的是，移动增值业务的推出，事实上在一定范围内可以通过手机划拨资金，使得手机 SIM 卡成为一种新型的电子货币，移动运营商在下一步的发展中有可能成为准金融机构。新的电子货币，新的交易模式，新的服务内容，一步步向现有的法律提出挑战，法学研究应当及时对此做出回答。

六、新型管理模式

随着电子商务、移动电子商务的发展和普及，诸多新型的管理模式应运而生，打破了传统的管理模式中管理多针对实物的局限。新型的管理模式中，管理多针对网络虚拟的事物，如虚拟贸易、虚拟物流、虚拟认证、虚拟货币等。

（一）虚拟贸易

目前，为网络游戏虚拟物品交易提供服务的电子商务网站正在崛起，这可以说是电子商务的一场圈地运动，电子商务的交易范围不再仅仅局限于现实物品，一大批网络游戏虚拟物品交易网站应运而生。在美国，eBay 网站上有专门进行网络游戏虚拟物品交易的目录，香港网络游戏娱乐公司仅从事虚拟物品电子交易的全职工作人员就超过 100 名。

（二）虚拟物流

虚拟物流的概念最初是由美国的斯图尔特等人于 1996 年在阿肯色州大学物流协会报告中提出的，当时斯图尔特认为利用日益完善的通信网络技术及手段，将分布于全球的企业仓库虚拟整合为一个大型物流支持系统，以完成快速、精确、稳定的物资保障任务，满足物流市场的多频度、小批量订货需求。虽然后来有一些国内外学者开始研究虚拟物流，但是到目前为止尚没有形成统一的定义。

虚拟物流本质上是“即时制”在全球范围内的应用，是小批量、多频度物资配送过程。它能够使企业在世界任何地方以最低的成本跨国生产产品以及获得所需物资赢得市场竞争速度和优势。

物流术语将虚拟物流定义为以计算机网络技术进行物流运作与管理，实现企业间物流资源共享和优化配置的物流模式。

笔者认为，虚拟物流的概念应包括以下 3 个方面。

①虚拟物流的组建基础：以计算机网络技术和现代通信技术为基础。

②虚拟物流组建的目的：实现企业间物流资源共享和优化配置，提供低成本、高质量的物流服务。

③虚拟物流应具有动态性、开放性、暂时性、快速性、核心能力互补性以及与物流战略联盟有根本性区别的基于物流市场需求机遇的特性。

国外学者对虚拟物流理论的研究较少，主要集中在对虚拟物流应用实例的探讨上。相对而言，国内学者对该方面的理论研究则稍微多一些。但国内外学术界对虚拟物流的含义尚没有统一完整的定义和规范，对虚拟物流的内容也无人完整地阐述过，研究的内容总体上是零星的、分散的，研究的深度仍停留在一般概念性、描述性、框架性的研究，缺乏系统性、完整性、全面性和深入性。近两年来，已有少部分学者开始上升到理论高度进行研究，有少量文献出现，研究范围零星分布在虚拟采购、虚拟库存、虚拟配送、物流网站建设、核心能力识别、伙伴选择、组织构建与运作模式、物流管理技术和方法、物流法律法规、物流标准化、物流信息技术等领域。

（三）虚拟认证

众所周知，网络世界是虚拟的。然而，随着信息化时代的到来，人们越来越离不开网络。越来越多的人热衷于网上购物、网上消费等商贸活动。通过实践的检验所暴露出来的问题中，人们对诚信问题尤为关注。

诚信问题是困扰移动电子商务发展的重大障碍。移动电子商务必须通过互联网进行，而互联网并不具备商业交易需要的安全性。大量的经济信息在网上传递，资金在网上划拨流动，网上交易的权威性认证都要求做到万无一失。

（四）虚拟货币

广义上说，虚拟货币是指由一定的发行主体以公用信息为基础，以计算机技术和通信技术为手段，以数字化的形式（二进制数据）存储在网络或有关电子设备中，并通过网络系统（包括智能卡）以数据传输方式实现流通和支付功能的网上等价物。例如，不少门户网站、网络游戏运营商为了提供更好的服务，很早就开始提供的Q币、百度币、酷币、魔兽币、天堂币、盛大（游戏区）点券等，称为网络虚拟货币（简称网币）。

自从2002年5月，腾讯公司推出互联网第一个虚拟货币方案——Q币以来，网上虚拟货币因其支付的灵活性、低成本、适应中国支付环境和中国支付文化，成功地解决了网上虚拟产品或服务中存在的支付效率和支付成本高等问题，为网上虚拟商品和服务的发展解决了支付瓶颈问题。

目前，包括腾讯（Q币）、百度（百度币）、盛大（盛大点券）、网易（泡币）、新浪（U币）、搜狐（狐币）、万方数据资源（会员卡）、超星数字图书馆（星币）等互联网虚拟产品和服务提供商都采用了各自的网上虚拟货币支付方案，不断强化和扩展虚拟货币在网络增值服务中的支付作用，并在经营上取得了较好的效果。尽管不同公司发行的虚拟货币名称不同，但是，其实质都是一样的，即采用预付机制，实行“批量购买，分次消费”的模式。

此外，还有虚拟客户、虚拟广告等新型管理模式。

七、新型人力资源管理

这里所谓的新型人力资源管理与前文新型管理模式类似，是一种对虚拟人力资源的管理。

（一）虚拟人力资源的定义

斯内尔对虚拟人力资源下的定义是“虚拟人力资源是以伙伴关系为基础，以信息技术为载体，帮助组织获得、开发和利用智力资本的一种网络结构”。该定义的四个要素是：网络结构、伙伴关系、信息技术和智力资本。虚拟人力资源是指“网络技术使人力资源能自动化”。人力资源模式使用局域网和互联网，不仅可以完成求职、沟通等简单处理，也可以完成自主管理薪酬体系的复杂应用。勒塔特总结了网络技术应用的五个方面：信息公布、数据库查询、简单人力资源交易、复杂人力资源交易和人力资源工作流程。

斯内尔指出，传统人力资源的焦点是激励员工为组织工作；在虚拟组织中，人力资源的焦点扩大到如何结合个体需求与组织需求。在虚拟背景下，人力资源的目标是：定义组织的战略目标及使人力资源快速对组织的核心业务做出响应；使组织适应、平衡资源来捕捉市场机会；评价组织的关键竞争力，并决定人力资源应该如何支持核心竞争力。

（二）虚拟人力资源管理与传统人力资源管理的区别

在虚拟背景下，传统人力资源管理，如招聘、录用、培训、薪酬、福利、沟通仍是重要职能，但还是出现了一些变化。

①招聘。传统招聘方式将逐渐被遗弃，通过全国范围的数据库获取人员。

②人事。职务描述和职业类型将消失，员工对个人职业生涯负责，从被动转为主动。

③薪酬。薪酬计划将被修改，以奖励适应虚拟企业的新行为，人力资源部将为不同团队设计不同薪酬方案，精力、想象力、成长技能和团队精神将成为考核指标。

④福利。福利是一种间接报酬，福利管理将以员工自主服务为主。

⑤培训开发。重点在团队建设，培养员工从一个团队向另一个团队转移的技能。

⑥沟通。媒体和信息变得更加重要，关键在于自主管理。

（三）虚拟人力资源管理的前景

虚拟人力资源管理是为虚拟企业对变化的市场环境做出快速反应，增加企业的战略性、柔性和以顾客为导向而产生的一种新的管理模式。通过利用企业的核心优势，来吸引企业外的优势资源共同完成一个市场项目，达到优势互补、强强联合的效应。这样企业就进入了一个良性循环的轨道。

虚拟人力资源的管理对企业获得竞争优势起了很大的作用。根据人力资本优势理论，人是企业的最大资产，企业通过本身拥有的一批具有先进技术和知识的员工而获得人力资源本身的优势，同时，企业还必须具备能正确使用员工的知识和技能的能力，也就是“正确的人放在正确的位置上”。虚拟人力资源的管理不仅要能正确使用本企业的核心员工，还要有获取和利用企业外优秀人力资本的能力。把一些表层性的人力资源管理活动虚拟化，企业从而能节省大量的成本，提升人力资源管理的核心能力和管理质量。同时能将人力资源管理部门从一些烦琐的工作中解救出来，更多地从事企业的战略规划和战略决策，从而实现人力资源虚拟管理化后的角色转化，即从实务型向战略型转变。

虚拟企业在中国如火如荼地发展。中国很多企业与世界各地的企业结成了虚拟合作伙伴；此外，对于大型的国有企业，如何提高员工的工作效率，利用外部的人力资源来为自己服务，也是今后虚拟人力资源管理能发挥重要作用的舞台。以下是今后虚拟人力资源管理需要思考的几个问题。

1. 技术

网络等信息技术在联系虚拟企业各合作伙伴之间起着举足轻重的作用。技术的发展是日新月异的。对人力资源管理部门而言，如何迅速地掌握和充分利用 IT 技术在虚拟人力资源管理方面的作用是一个巨大的挑战。

2. 业务外包的风险控制

业务外包使人力资源管理部门有更多的时间和精力来从事企业战略性的工作，但也可能带来消极的影响。例如，业务外包的管理监控不善，或者选错了合作伙伴，那么无论是合作效果还是成本节省都难以如愿。此外，过多的外包合作协议就会阻碍组织需求的灵活性。

3. 裁员

对于核心虚拟企业的人力资源部门而言，当一些表层性的人力资源活动外包出去以后，再加上一些管理软件的开发和使用，使得以前专门从事相关工作的员工有可能失去工作，或公司员工人浮于事，效率低下。

4. 激励措施

虚拟企业的员工多为知识型员工，拥有企业所需的专业知识和技能，或许还有不同的文化背景。另外，虚拟合作伙伴多是以团队的形式组成的。所以，如何有效地激励知识员工以及进行团队管理，将给虚拟人力资源管理带来新的挑战。

5. 校企合作

核心虚拟企业虽然可以在市场上找到所需要的人力资本来弥补自身的不足，但是不总是能找到所需要的员工。企业可以通过与高校合作的形式来达到目的。通过利用高校的资源，订单生产自己所需的人才，达到校企“双赢”的目的。

第六章　电子商务安全

第一节　电子商务安全面临的问题、要素及内容

一、电子商务面临的安全问题

1983 年 10 月 24 日，美国著名的计算机安全专家、贝尔实验室的计算机科学家罗伯特•莫里斯在美国众议院科学技术会议运输、航空、材料专业委员会上做了关于计算机安全重要性的报告，从此计算机安全成了国家研究的热点。尤其是网络安全，即如何保证网络上存储和传输的信息的安全性。

（一）信息泄漏

信息泄漏在电子商务中表现为商业机密的泄漏，指交易双方进行交易的内容被第三方窃取，或者交易一方提供给另一方使用的文件被第三方非法使用。

（二）信息的篡改

信息的篡改在电子商务中表现为商业信息的真实性和完整性的问题。篡改即改变信息流的次序或更改信息的内容，如购买商品的出货地址；删除即消除某个消息或消息的某些部分；插入即在消息中插入一些信息，让接收方读不懂或接收错误的信息。

（三）信息假冒

当攻击者掌握了网络信息数据规律或解密了商务信息以后，可以假冒合法用户或发送信息来欺骗其他用户，其主要有两种形式：一种是伪造电子邮件，虚开网站和商店，给用户发电子邮件，收订货单；伪造大量用户，发送电子邮件，耗尽商家资源，使合法用户不能正常访问网络资源，使有严格时间要求的服务不能及时得到响应；窃取商家的商品信息和用户信用等。另一种为假冒他人身份，如冒充领导发布命令调阅文件；冒充他人消费、栽赃。

（四）交易抵赖

关于交易抵赖体现在以下几个方面，即发信者事后否认曾经发送过某条信息或内容；

收信者事后否认曾经收到过某条消息或内容；购买者做了订货单不承认；商家卖出的商品因价格差而不承认原有的交易。

（五）病毒问题

随着互联网技术的发展，各种新病毒及其变种迅速增加，许多病毒直接利用网络作为自己的传播途径，它们借助于网络传播得更快，有的病毒甚至导致巨大的经济损失。

（六）黑客问题

随着各种应用工具的传播，黑客已经大众化了。黑客正在不断地走向系统化、组织化和年轻化。黑客攻击所使用的方法不同，产生的危害程度也不同。

二、电子商务的基本安全要素

电子商务的基本安全要素即电子商务的安全要求。其主要体现在以下几个方面：

（一）有效性

电子商务以电子形式取代了纸张，那么如何保证电子形式的贸易信息的有效性则是开展电子商务的前提。要对网络故障、操作错误、应用程序错误、硬件故障、系统软件错误及计算机病毒所产生的潜在威胁加以控制和预防，以保证贸易数据在确定的时刻、确定的地点是有效的。

（二）机密性

电子商务作为贸易的一种手段，其信息直接代表着个人、企业或国家的商业机密。要预防非法的信息存取和信息在传输过程中被非法窃取。

（三）完整性

贸易各方信息的完整性将影响到贸易各方的交易和经营策略，保持贸易各方信息的完整性是电子商务应用的基础。完整性一般可通过提取信息的数据摘要方式来获得。

（四）不可抵赖性

要在交易信息的传输过程中，为参与交易的个人、企业或国家提供可靠的标识。不可抵赖性可通过对发送的消息进行数字签名来获取。

（五）认证性

由于网络电子商务交易系统的特殊性，企业或个人的交易通常都是在虚拟的网络环境中进行的，所以对个人或企业实体进行身份性确认成了电子商务中十分重要的一环。一般都通过证书机构和数字证书来实现。

三、电子商务安全的内容

电子商务的一个重要技术特征是利用IT技术来传输和处理商业信息。因此，电子商务安全从整体上可分为两大部分：计算机网络安全和商务交易安全。

计算机网络安全的内容包括：计算机网络设备安全、计算机网络系统安全、数据库安全等。其特征是针对计算机网络本身可能存在的安全问题，实施网络安全增强方案，以保证计算机网络自身的安全性。

商务交易安全则紧紧围绕传统商务在互联网上应用时产生的各种安全问题，在计算机网络安全的基础上，如何保障电子商务过程的顺利进行，即实现电子商务的保密性、完整性、可鉴别性、不可伪造性和不可抵赖性。

计算机网络安全与商务交易安全实际上是密不可分、相辅相成、缺一不可的。电子商务安全性首先依托于法律、法规和相关的政策制定的大环境，这是基础。

第二节　计算机网络安全技术

一、计算机网络的潜在安全隐患

电子商务的网络环境包括由内部网、外部网、互联网三种结构组成的网络环境，电子商务的网络安全涉及网络环境的各个方面。

企业内部的典型风险有：没有好的备份系统导致数据丢失；有外来磁盘携带的病毒攻击计算机系统；业务人员的误操作；删除了不该删除的数据，且无法恢复；系统硬件、通信网络或软件本身出故障。

如果企业的内部网连接上互联网，则互联网本身的不安全性对企业内部信息系统带来的潜在风险主要有：外部非法用户潜入系统胡作非为，甚至破坏系统；数据丢失，机密信息泄漏；互联网本身固有的风险的影响；网络病毒的攻击。

互联网的安全问题的主要原因之一在于TCP/IP和UDP的基本体系结构。

二、计算机网络安全体系

一个全方位的计算机网络安全体系包含网络的物理安全、访问控制安全、系统安全、用户安全、信息加密、传输安全和管理安全等。

在实施网络安全防范措施时应考虑以下几点：要加强主机本身的安全，做好安全配置，及时安装安全补丁程序，减少漏洞；要用各种系统漏洞检测软件定期对网络系统进行扫描分析，找出可能存在的安全隐患，及时修补；对敏感的设备和数据要建立必要的物理或逻辑隔离措施；安装防病毒软件，加强内部网的整体防病毒措施；建立详细的安全审计日志，以便检测并跟踪入侵攻击等。

三、常用的计算机网络安全技术

目前，常用的计算机网络安全技术主要有病毒防范技术、身份认证技术、防火墙技术和虚拟专用网（VPN）技术等。

（一）病毒及黑客防范技术

计算机病毒是带有一段恶意指令的程序，一旦用户运行了被病毒感染的程序，它就会隐藏在系统中不断感染内存或硬盘上的程序。

黑客程序实际上是人们编写的程序，它能够控制和操纵远程计算机，一般由本地和远程两部分程序组成。考虑到黑客程序的危害性，把黑客程序也归于计算机病毒。

1. 单机病毒

（1）单机病毒的种类

单机病毒就是以前的 DOS 病毒、Windows 病毒和能在多操作系统下运行的宏病毒。DOS 病毒是在 MS-DOS 及其兼容操作系统上编写的病毒程序，如以前著名的“黑色星期五”“DIR”等病毒。

Windows 病毒是在 Win3.x/Win9.x 上编写的纯 32 位病毒，例如，4 月 26 日危害全球的 CIH 病毒等。

宏病毒是利用 Office 特有的“宏”编写的病毒，它专门攻击微软 Office 系列 Word 和 Excel 文件。这种病毒不仅能运行在 Windows 环境，还能运行在 OS/2 或 MACOS 上的微软 Office 软件中。例如，“七月杀手”宏病毒，会在七月的任一天发作，发作时弹出“醒世恒言”对话框，要求用户选择“确定”或“取消”，如果按了“取消”，就会在 autoexec.bat 中增加一条删除 C 盘的命令，重新开机时，就会删除 C 盘上的全部数据。

（2）单机病毒的防范

考虑到每种杀毒产品都有其局限性，所以最好准备几套杀毒软件，用它们来交叉杀毒，杀毒软件还要及时升级；定期用杀毒软件检查硬盘，如果用的是 Win9.x（CIH 病毒对 WINNT 和 WIN2000 不起作用），每月的 26 号前一定要检查是否有 CIH 病毒，或者将系统日期跳过 26 号。C 盘最好是 FAT32 格式，容量大于 2G，这样设置的好处是，有利于提高系统运行速度，此外，如果 C 盘被 CIH 病毒破坏了，只要它是 FAT32 格式，且容量大于 2G，用一般杀毒软件就可以将 C 盘上的数据恢复 98%。

CIH 病毒至少有 9 个变种，其中 V1.2 和 V1.3 在 4 月 26 号发作，V1.4 在每月的 26 号发作，还有的版本发作日期在 6 月 26 号。

2. 网络病毒及其防范

网络病毒通常是指特洛伊木马和邮件病毒，因为是通过网络传播的，所以称为“网络病毒”。

（1）特洛伊木马病毒

特洛伊木马是一种黑客程序，与病毒有些区别，特洛伊木马本身一般并不破坏受害者硬盘上的数据，它只悄悄地潜伏在被感染的计算机里，一旦这台计算机上网，就可能大祸临头。木马、黑客病毒往往是成对出现的，即木马病毒负责侵入用户的电脑，而黑客病毒则会通过该木马病毒来进行控制。

特洛伊木马病毒的防范方法是：不要轻易泄漏 IP 地址，下载来历不明的软件时要警惕其中是否隐藏了特洛伊木马，使用下载软件前一定要用特洛伊木马检测工具进行检查。

（2）邮件病毒

邮件病毒和普通病毒是一样的，只不过由于它们主要通过电子邮件传播，所以才称为“邮件病毒”，一般通过邮件中“附件”夹带的方法进行扩散，一旦你收到这类 E-mail，运行了附件中的病毒程序，就能使你的计算机染毒。这类病毒本身的代码并不复杂，如 I LOVE YOU 病毒，只要收到带有该病毒的 E-mail 并打开附件后，病毒就会按照脚本指令，将浏览器自动连接上一个网址，下载特洛伊木马程序，更改一些文件后缀为 .vbs，最后再把病毒自动发给 Outlook 通信薄中的每个人。

还有一个恶作剧，有人用 VBScript 编写了一个 HTML 文件，代码如下：

```
<scriptlanguage: “VBScript” >
DimWSHShell
SetWSHShell=CreateObject( “Wscript.Shell” )
WSHShell.run( “c:\formatd:” )
</script>
```

只要打开该网页，D 盘就被格式化了。预防办法是禁止 HTML 中脚本的运行（在浏览器的“工具 /Internet 选项 / 安全”中设置禁止 Java 或 ActiveX 的运行），当 IE 提示“该网页上的某个软件可能不安全”，建议不要运行。

邮件病毒的防范方法是：不要打开陌生人来信中的附件，特别是“.exe”等可执行文件；养成用最新杀毒软件及时查毒的好习惯，不要急于打开附件中的文件，先将其保存在特定目录中，然后用杀毒软件进行检查；收到自认为有趣的邮件时，不要盲目转发，因为这样会帮助病毒的传播；对于通过脚本“工作”的病毒，可采用在浏览器中禁止 Java 或 ActiveX 运行的方法来阻止病毒的发作。

（3）脚本病毒

脚本病毒的前缀是：Script。脚本病毒的共有特性是使用脚本语言编写，通过网页进行传播的病毒，如红色代码（Script.Redlof）。脚本病毒还会有如下前缀：VBS、JS（表明是何种脚本编写的），如欢乐时光（VBS.Happytime）、十四日（JS.Fortnight.c.s）等。

（4）蠕虫病毒

蠕虫病毒的前缀是：Worm。这种病毒的共有特性是通过网络或者系统漏洞进行传播，很大部分的蠕虫病毒都有向外发送带毒邮件、阻塞网络的特性。如冲击波（阻塞网络）、小邮差（发带毒邮件）等。

3. 网上炸弹及其防范

（1）IP 炸弹

IP 炸弹一般是指用专用的攻击软件（如 WinNuke、IGMPNuke 等）发送大量的特殊数据，对远程计算机中的 Windows 系统的漏洞进行攻击，造成对方的 Windows 蓝屏死机。当用户在聊天室聊天时，其 IP 地址很容易被别人查到，如果对方要发起攻击，只要用专用软件攻击用户的 IP 就可以了。

对付 IP 炸弹最好的办法是安装个人防火墙。个人防火墙实际上是一套程序，即对进出计算机的所有数据进行分析，切断非法连接。使用个人防火墙前一般要进行系统设置，进行“安全规则设置”。

（2）邮件炸弹

邮件炸弹的原理是向容量有限的信箱投入足够多或者足够大的邮件，使邮箱崩溃。这类炸弹很多，如 Nimingxin、Quickfyre、Amail、Emailbomb、Upyours 系列、雪崩等。

防范邮件炸弹的方法有以下几种：①在邮件软件中设置好防范项目；②在邮件服务器上设置过滤器，防范邮件炸弹；③使用删除 E-mail 炸弹的工具；④谨慎使用自动回信。

（二）身份识别技术

身份识别技术的基本思想是通过验证被认证对象的属性来达到确认被认证对象是否真实有效的目的。被认证对象的属性可以是口令、问题解答或者指纹、声音等生理特征，常用的认证技术有口令、标记法和生物特征法。

1. 口令

传统的认证技术主要采用基于口令的认证方法。当被认证对象要求访问提供服务的系统时，提供服务的认证方要求被认证对象提交该对象的口令，认证方收到口令后，将其与系统中存储的用户口令进行比较，以确认被认证对象是否为合法访问者。

一般的系统都提供了对口令认证的支持，对于封闭的小型系统来说不失为一种简单可行的方法。

但是，传统的认证技术也有一些不足之处。用户每次访问系统时都要以明文方式输入口令，很容易泄漏；口令在传输过程中可能被截获；系统中所有用户的口令以文件形式存储在认证方，攻击者可以利用系统中存在的漏洞获取系统的口令文件；用户在访问多个不同安全级别的系统时，都要求用户提供口令，用户为了记忆方便，往往采用相同的口令；只能进行单向认证，即系统可以认证用户，而用户无法对系统进行认证。

2. 标记方法

标记是个人持有物，作用类似于钥匙，标记上记录着用于机器识别的个人信息。常用的标记有磁介质、智能卡。

3. 生物特征法

每个人都有唯一且稳定的特征，如指纹、眼睛以及说话和书写等做事的标准方法。生物特征法是基于物理特征或行为特征自动识别人员的一种方法，其优点是严格依据人的物理特征并且不依赖任何可被拷贝的文件或可被破解的口令，所以它是数字证书或智能卡的选择。

（三）防火墙技术

1. 防火墙概述

（1）防火墙的概念

防火墙是指一个由软件和硬件设备组合而成，处于企业或网络群体计算机与外界通道（Internet）之间，在内部网与外部网之间实施安全防范的系统，可被认为是一种访问控制机制，用于限制外界用户对内部网络访问及管理内部用户访问外界网络的权限，即确定哪些内部服务允许外部访问，以及哪些外部访问允许内部服务。

（2）防火墙的设计原则

防火墙的设计有以下两个原则：

第一，一切未被允许的就是禁止的。基于该准则，防火墙应封锁所有信息流，然后对希望提供的服务逐项开放，只有经过精挑细选的服务才被允许使用。其弊端是安全性高于用户使用的方便性，用户所能使用的服务范围受到很大限制。

第二，一切未被禁止的就是允许的。基于该准则，防火墙应转发所有信息流，然后逐项屏蔽可能有害的服务，从而可为用户提供更多的服务。其弊端是在日益增多的网络服务面前，网管人员疲于奔命，特别是受保护的网络范围增大时，很难提供可靠的安全防护。

（3）防火墙的实现技术

按照建立防火墙的主要途径，防火墙的实现技术可分为分组过滤、代理服务和应用网关。分组过滤技术是一种简单、有效的安全控制技术，它通过在网络间相互连接的设备上加载允许、禁止来自某些特定的源地址、目的地址、TCP 端口号等规则，对通过设备的数据包进行检查，限制数据包进出内部网络。分组过滤技术的最大优点是对用户透明，传输性能高。但由于安全控制层次在网络层和传输层，其安全控制的力度只限于源地址、目的地址和端口号，因而只能进行较为初步的安全控制，对于恶意的拥塞攻击、内存覆盖攻击或病毒等高层次的攻击手段则无能为力。

代理服务是运行于内部网络与外部网络之间的主机之上的一种应用。当用户需要访问代理服务器另一侧主机时，对符合安全规则的连接，代理服务器会代替主机响应，并重新向主机发出一个相同的请求。当此连接请求得到回应并建立起连接后，内部主机同外部主机之间的通信将通过代理程序将相应连接映射来实现。对于用户而言，似乎是直接与外部网络相连的，代理服务器对用户透明。由于给予代理服务的防火墙是在应用层实现的，所以它提供了较高的安全性和较强的身份验证功能。但是其透明性差，也离不开用户的合作。同时，它对网络性能的影响也较大。

应用网关技术是建立在网络应用层上的协议过滤，它针对特别的网络应用服务协议，即数据包分析并形成相关的报告。

2. 防火墙的原理

防火墙是在专用网和互联网之间设置的安全系统，可以提供接入控制，可以干预这两个网络之间的任何消息传送。

（1）防火墙设计的基本原则

防火墙设计需要满足的基本原则如下：①由内到外，或由外到内的业务流均经过防火墙；②只允许本地安全策略认可的业务流程通过防火墙；③尽可能控制外部用户访问专用网，应当严格限制外部人员进入专用网中；④具有足够的透明性，保证正常业务流通；⑤具有抗穿透攻击能力，强化记录、审计和报警功能。

（2）防火墙的组成

防火墙主要由 5 部分组成：安全操作系统、过滤器、网关、域名服务和 E-mail 处理。有的防火墙可能在网关两侧设置内外过滤器。外过滤器保护网关不受攻击，而内过滤器在网关被攻破后提供对内部网络的保护。

安全操作系统可以保护防火墙的代码和文件免遭入侵者攻击；过滤器则执行由防火墙管理机构制定的一组规则，检验各数据组决定是否允许运行；应用网关可以在 TCP/IP 应用级上控制信息流和认证用户；域名访问使专用网的域名与互联网相隔离，专用网中主机的内部 IP 地址不至于暴露给互联网中的用户；函件处理能力保证专用网中用户和互联网用户之间的任何函件交换都必须经过防火墙处理。

（3）防火墙不能对付的安全威胁

首先，防火墙不能防止专用网内部用户对资源的攻击，它只是设在专用网和互联网之间，对其间的信息流进行干预的安全设施。

其次，如果专用网中有些资源绕过防火墙直接与互联网连通，得不到防火墙的保护。

另外，从病毒防护来看，一般防火墙不对专用网提供防护外部病毒侵犯的保护。

（4）防火墙的分类

①分组过滤网关，按源地址和目的地址或业务（即端口号）卸包（组），并根据当前组的内容做出决定。管理者拟定一个提供接收和服务对象的清单，一个不接受访问或服务对象的清单，按所定安全政策实施允许或拒绝访问。

②应用级网关，在专用网和外部网之间建立一个单独的子网，它将内部网屏蔽起来。此子网有一个代理主机、一个路由器和一个较复杂的网关与内部网相连，另一个路由器和

网关与外部相连。进出用户通过网关时必须在应用级上（要求特定的用户程序或用户接口）与代理主机连接。

③线路级网关，它使内部与外部网之间实现中级 TCP 连接。

3. 防火墙产品

防火墙产品的用户主要分为个人用户、企业用户和政府部门用户。个人用户的安全需求基本上局限于防止网络病毒和“邮件炸弹”，一般的单机防火墙软件就能满足需求，而企业级用户和政府部门用户是安全产品最重要的应用对象。

（1）Checkpoint Firewall-1

Checkpoint 公司是一家专门从事网络安全产品开发的公司，是软件防火墙领域中的佼佼者，其旗舰产品 Checkpoint Firewall-1 在全球软件防火墙产品中位居第一。Checkpoint Firewall-1 是一个综合的、模块化的安全套件，它是一个基于策略的解决方案，提供集中管理、访问控制、授权、加密、网络地址传输、内容显示负载平衡等功能。其主要用在保护内部网络资源、保护内部进程资源和内部网络访问者验证等领域。

（2）Sonicwall 系列防火墙

Sonicwall 系列防火墙是 Sonic System 公司针对中小型企业需求开发的产品，并以其高性能和极具竞争力的价格受到中小企业和 ISP 公司的青睐。

（3）NetScreen 防火墙

NetScreen 公司推出的 NetScreen 防火墙是一种新型的网络安全硬件产品，把多种功能诸如流量控制、负载均衡、VPN 等集成到一起，优势在于采用了新的体系结构，可以有效地消除传统防火墙实现数据加盟时的性能瓶颈，能实现最高级别的 IP 安全保护。

（4）Alcatel Intenet Deices 系列防火墙

1999 年 6 月，阿尔卡特公司与 Internet Deices 经过谈判达成协议，以 1.8 亿美元巨资收购 Internet Deices 公司——一个业界具有重要地位的防火墙和 VPN 解决方案供应商。Internet Deices 公司专门从事高性能计算机网络安全系统的设计、开发、销售和服务，其产品系列 Internet Deices 1000/3000/5000 和 Internet Deices 10K 分别适用于小型、中型、大型网络环境。其中 Internet Deices 3000、Internet Deices 5000 及 Internet Deices 10K 带有 VPN 功能，支持 VPN 用户。

（5）NAI Gauntlet 防火墙

NAI 公司是全球著名的网络安全产品提供商，其产品包括网络检测、防火墙以及防病毒产品等。

（四）虚拟专用网技术

虚拟专用网是用于互联网电子交易的一种专用网络，它可以在两个系统之间建立安全的通道，非常适合电子数据交换。在虚拟专用网中交易双方比较熟悉，而且彼此之间的数据通信量很大。只要交易双方取得一致，在虚拟专用网中就可以使用比较复杂的专用加密和认证技术，这样可以大大提高电子商务的安全性。

第三节 电子商务安全交易技术

一、加密技术

加密技术是一种主动的信息安全防范措施，其原理是利用一定的加密算法，将明文转换成为无意义的密文，阻止非法用户理解原始数据，从而确保数据的保密性。明文变成密文的过程称为加密，由密文还原为明文的过程称为解密，加密和解密的规则称为密码算法。在加密和解密的过程中，由加密者和解密者使用的加解密可变参数叫作密钥。

加密算法主要有：对称密钥加密算法、非对称密钥加密算法和散列函数。对称密钥加密算法也称为私有密钥加密算法；非对称密钥加密算法也称为公开密钥加密算法。

（一）对称密钥加密算法

对称密钥加密是指信息的发送方和接收方用一个密钥去加密和解密数据。加密过程中将待加密数据分割成等长的若干个分组，对每个分组进行加密形成加密后的分组，再将各个分组组合成整个密文；加密过程是一个密钥控制下的复杂迭代运算；相对非对称加密算法速度较快；对称密钥的最大优势是加 / 解密速度快，适合于对大数据量进行加密，但密钥管理困难。

以恺撒密码为例，其原理是对于明文的各个字母，根据它在 26 个英文字母表中的排列位置，按某个固定间隔 n 变换字母，即得到对应的密文。这个固定间隔的数字 n 就是加密密钥，也是解密密钥。密钥只有 26 种，只要知道了算法，最多将密钥变换 26 次做试验，即可破解密码。

DES、RC-5、IDEA 等算法均为分组加密算法，其中 DES 算法最为普及和典型。DES 是美国数据加密标准，1984 年 9 月正式成为美国数据加密标准，是迄今为止得到最广泛应用的一种算法，是最有代表性的分组加密体制。该标准数据分组长度为 64 位，密文的分组长度也是 64 位，密钥长度为 64 位，其中 8 位奇偶校验，有效密钥长度为 56 位。算法主要包括以下 4 个步骤：

（1）在密钥的控制下生成参加迭代的 16 个子密钥；

（2）对明文分组按位地址进行初始位置置换；

（3）进行 16 轮迭代乘积变换；

（4）再进行初始位置逆置换，即可得到密文分组。

（二）非对称密钥加密算法

非对称密钥加密系统需要使用一对密钥来分别完成加密和解密操作，一个公开发布，又称为公开密钥；另一个由用户自己秘密保存，称为私有密钥。信息发送者用公开密钥去加密，而信息接收者则用私有密钥去解密。公钥机制灵活，但加密和解密速度却比对称密钥加密慢得多。

非对称加密算法的关键是寻找对应的公钥和私钥，并运用某种数学方法使得加密过程是一个不可逆过程，即用公钥加密的信息只能用与该公钥配对的私有密钥才能解密。常用的算法有 RSA 算法、椭圆函数加密算法等。

RSA 公开密钥算法于 1979 年提出，既可用于加密，又可用于数字签字，是目前仍然安全并且逐步被广泛应用的一种体制，是一种国际标准。

RSA 的算法如下：

①选取两个足够大的质数 P 和 Q；

②计算 P 和 Q 相乘所产生的乘积 $n=P*Q$；

③找出一个小于 n 的数 e，使其符合与 $<2（n）=（P-1）*（Q-i）$ 互为质数；

④另找一个数 d，使其满足 $（e*d）mod[（P-1）*（Q-1）]=1$；

⑤（n，e）即为公开密钥，（n，d）即为私有密钥；

⑥加密和解密的运算方式为：密文 c=de（modn）；明文 =ee（modn）。

这两个质数无论哪一个先与原文密码相乘，对文件加密，均可由另一个质数再相乘来解密。但要用一个质数来求出另一个质数，则是非常困难的，因此将这一对质数称为密钥对。

（三）散列函数

散列函数是对明文进行运算后，可以生成一个定长的摘要（也叫信息认证码），明文发生改变后该摘要值变化较大，该函数是一个单向函数，计算摘要很容易，从摘要计算出明文是不可能的。其典型的算法有 MD-5、SHA 等。

（四）一种组合的加密协议

应用对称加密算法、非对称加密算法以及散列函数可以组成安全的加密协议，从而可以避免数据被窃听以及篡改。下面假设信息的发送者和接收者分别拥有一对非对称加密密钥（公钥和私钥），各自的公钥互相知道，各自的私钥仅本人知道。

将待加密的明文数据通过散列函数的运算生成一个原始明文的摘要，用发送者的私钥对摘要进行非对称加密算法的加密运算，这个过程也称作数字签名的过程，生成一个摘要签字。然后随机生成一个会话密钥，在该会话密钥的控制下对明文进行对称加密算法的加密过程，生成密文。在接收者公钥的控制下采用非对称加密算法对会话密钥进行加密，生成加密后的会话密钥。将加密后的会话密钥、密文、明文摘要的签字合并后发送给接收者。

从接收到的信息中分解出加密的会话密钥、密文、明文摘要的签字。在接收者的私钥的控制下对加密后的会话密钥采用非对称加密算法的解密过程，解密出本次会话密钥。在本次的会话密钥的控制下将密文解开得到明文。对摘要的签字在发送者公钥的控制下进行非对称加密算法的运算得到原始的摘要，再和已经解密出的明文计算出的摘要进行对比，如果两个摘要相同，则信息正确完整，否则信息已经被篡改过。

二、认证技术

安全认证技术是为了满足电子商务系统的安全性要求采取的一种常用的必需的安全技术。安全认证的主要作用是进行信息认证。其目的有两个：一是确认信息发送者的身份；二是验证信息的完整性，即确认信息在传送或存储过程中未被篡改过。

（一）数字摘要

数子摘要也称安全散列（Hash）编码法（SHA），由罗纳德•李维斯特（Ron Rivest）设计。该编码法采用单向 Hash 函数将需加密的明文“摘要”成一串 128bit 的密文，这一串密文也称为数字指纹，它有固定的长度，且不同的明文“摘要”成密文，其结果是不同的，而同样的明文其摘要必定一致。这样，这串摘要便可成为验证明文是否“真身”的“指纹”了。数字摘要的应用使交易文件的完整性（不可修改性）得以保证。

（二）数字信封

数字信封是用加密技术来保证只有规定的特定收信人才能阅读信的内容。在数字信封中，信息发送方采用对称密钥来加密信息，然后将此对称密钥用接收方的公开密钥来加密（这部分称为数字信封）之后，将它和信息一起发送给接收方，接收方先用相应的私有密钥打开数字信封，得到对称密钥，然后使用对称密钥解开信息。这种技术的安全性相当高。

（三）数字签名

把 Hash 函数和公钥算法结合起来，可以在保持数据完整性的同时，保证数据的真实性。完整性保证传输的数据没有被修改，而真实性则保证是由确定的合法者产生的 Hash，而不是由其他人假冒。而把这两种机制结合起来就可以产生所谓的数字签名。

①被发送文件用安全 Hash 编码法编码加密产生 128bit 的数字摘要；

②发送方用自己的私有密钥对摘要再加密，这就形成了数字签名；

③将原文和加密的摘要同时传给对方；

④对方用发送方的公共密钥对摘要解密，同时对收到的文件用 SHA 编码加密产生又一摘要；

⑤将解密后的摘要与收到的文件在接收方重新加密产生的摘要相互对比，如两者一致，则说明传送过程中信息没有被破坏或篡改过，否则不然。

数字签名相对于手写签名在安全性方面具有如下好处：数字签名不仅与签名者的私用密钥有关，而且与报文的内容有关，因此不能将签名者对一份报文的签名复制到另一份报文上，同时也能防止篡改报文的内容。

（四）数字时间戳

在电子交易中，同样需对交易文件的日期和时间信息采取安全措施，而数字时间戳服务就能提供电子文件发表时间的安全保护。

数字时间戳服务是网上安全服务项目，由专门的机构提供。时间戳是一个经加密后形成的凭证文档，包括 3 个部分：一是需加时间戳的文件的摘要；二是 DTS 收到文件的日期和时间；三是 DTS 的数字签名。

数字时间戳的产生过程为：用户首先将需要加时间戳的文件用 Hash 编码加密形成摘要，然后将该摘要发送到 DTS，DTS 在加入了收到文件摘要的日期和时间信息后，再对该文件加密（数字签名），然后送回用户。

（五）数字证书

信息加密技术、数字签名技术很好地解决了信息传输的保密性、交易文件的完整性和信息的不可否认性，但交易者身份的确定性问题并未解决。为此，数字证书应运而生。

1. 数字证书的概念

数字证书是网络通信中标志通信各方身份信息的一系列数据，其作用类似于现实生活中的身份证，由权威机构颁发。数字证书的格式一般采用 X.509 国际标准。一个标准的 X.509 数字证书包含以下内容：证书的版本信息、证书的序列号、证书所使用的签名算法、证书的发行机构名称、证书的有效期、证书所有人的名称、证书所有人的公开密钥、证书发行者对证书的签名。

数字证书是用来唯一确认安全电子商务交易双方身份的工具。由于它由证书管理中心做了数字签名，因此，任何第三方都无法修改证书的内容。任何信用卡持卡人只有申请到相应的数字签名，才能参加安全电子商务的网上交易。

数字证书通过运用对称和非对称密码体制建立起一套严密的身份认证系统，它可以保证信息除发送方和接收方外不被其他人窃取；信息在传输过程中不被篡改；发送方能够通过数字证书来确认接收方的身份；发送方对于自己发送的信息不能抵赖。

2. 数字证书的类型

（1）个人身份证书

个人身份证书是符合 X.509 标准的数字安全证书，证书中包含个人身份信息和个人的公钥，用于标识证书持有人的个人身份。

（2）企业身份证书

企业身份证书是符合 X.509 标准的数字安全证书，证书中包含企业信息和企业的公钥，用于标识证书持有企业的身份。

（3）服务器身份证书

服务器身份证书是符合 X.509 标准的数字安全证书，证书中包含服务器信息和服务器的公钥，用于标识证书持有服务器的身份。其主要用于网站交易服务器，目的是保证客户和服务器产生与交易支付等相关信息时，确保双方身份的真实性、安全性及可信任度等。

（4）企业代码签名证书

Netscape 版企业代码证书代表软件开发者身份，用于对其开发的软件进行数字签名。IE 版企业代码签名证书代表软件开发者身份。

三、认证中心

在电子交易中，无论是数字时间戳服务还是数字证书的发放，都不是靠交易双方自己能完成的，而需要由一个具有权威性和公正性的第三方来完成。

（一）认证中心的概念

认证中心（CA）就是承担网上安全电子交易认证服务，能签发数字证书，并能确认用户身份的服务机构。认证中心通常是企业性的服务机构，其主要任务是受理数字证书的申请、签发及对数字证书的管理。

我国的认证中心主要有：上海市数字证书认证中心、中国金融认证中心、广东省电子商务认证中心、湖北省电子商务认证中心、重庆市数字证书认证中心。

目前在全球处于领导地位的认证中心是美国的威瑞信公司，该公司提供的数字证书服务已遍及全世界 50 个国家。

（二）认证中心的职能

认证机构的核心职能是发放和管理用户的数字证书。

认证机构发放的证书一般分为持卡人证书、支付网证书、商家证书、银行证书和发卡机构证书。

1. 证书的颁发

认证中心接收、验证用户的数字证书的申请，将申请的内容进行备案，并根据申请的内容确定是否受理该数字证书申请。

2. 证书的更新

认证中心可以定期更新所有用户的证书，或者根据用户的请求更新用户的证书。

3. 证书的查询

证书的查询可以分为两类，一类是证书申请的查询，这是认证中心根据用户的查询请求返回当前用户证书申请的处理过程；另一类是用户证书的查询，这类查询由目录服务器来完成，目录服务器根据用户的请求返回适当的证书。

4. 证书的作废

当用户的私钥由于泄密等原因造成用户证书需要申请作废时，用户需要向认证中心提出证书作废的请求，认证中心根据用户的请求确定是否将该证书作废。另外一种证书作废的情况是证书已经过了有效期，认证中心自动将该证书作废。

5. 证书的归档

认证中心应当具备作废证书和作废私钥的功能。

（三）认证的分级体系

CA 证书是通过信任分级体系来验证的，每一种证书与签发它的单位相联系，沿着该信任树直到一个公认可信赖的组织，就可以确定证书的有效性。信任树“根”的公开密钥对所有 CA 软件来说都是已知的，因而可以按次序检验每一个证书。

持卡人证书、商户证书、支付网关证书分别由持卡人认证中心（CCA）、商户认证中心（MCA）、支付网关认证中心（PCA）进行颁发。CCA 证书、MCA 证书和 PCA 证书由品牌认证中心（CA）或区域性认证中心（GCA）进行颁发。BCA 证书由认证中心（CA）进行颁发。

第四节　电子商务安全交易协议

电子商务的一个主要特征是在线支付，为了保证在线支付的安全，需要采用数据加密和身份认证技术，以便营造一个可信赖的电子交易环境。

目前电子商务中有两种安全认证协议被广泛使用，即安全套接层协议和安全电子交易协议。

一、安全套接层协议

（一）安全套接层协议概述

安全套接层（SSL）协议是 Netscape 公司于 1995 年推出的一种安全通信协议。它是一个保证认可安装了安全套接层的客户和服务器间事务安全的协议，该协议向基于 TCP/IP 的客户 / 服务器应用程序提供了客户端和服务器的鉴别、数据完整性及信息机密性等安全措施，目的是为用户提供互联网和企业内联网的安全通信服务。

SSL 协议提供的安全连接具有以下 3 个特点：

①连接是保密的，对于每个连接都有一个唯一的会话密钥，采用对称密钥密码体制来加密数据（如 DES、RC4）；

②连接是可靠的，消息的传播采用消息验证算法进行完整性检验（如 MD5、SHA）；

③服务器端是被认证的。

（二）SSL 握手协议

1. 握手协议的功能

①在客户端验证服务器，SSL 协议采用公钥方式进行身份认证；

②在服务器端验证客户；

③客户端和服务器之间协商双方都支持的加密算法和压缩算法，可选用的加密算法包括：IDEA、RC4、DES、3DES、RSA、DSS、Diffe_hellman、Fortezza、MD5、SHA 等；

④产生对称加密算法的会话密钥；

⑤建立加密 SSL 连接。

2. 握手过程

SSL 采用了公开密钥和专有密钥两种密钥，在建立连接过程中采用公开密钥；在会话过程中使用专有密钥。加密的类型和强度则在两端之间建立连接的过程中判断决定。

SSL 的工作流程经历了以下几个阶段：

①建立连接阶段：客户通过网络向服务商打招呼，服务商回应；

②交换密码阶段：客户与服务商之间交换双方认可的密码；

③会谈密码阶段：客户与服务商之间产生彼此交谈的会谈密码；

④检验阶段：检验服务商取得的密码；

⑤客户认证阶段：验证客户的可信度；

⑥结束阶段：客户与服务商之间相互交换结束信息。

（三）SSL 记录协议

SSL 记录协议从高层接收到数据后经过分段、压缩和加密处理，最后由传输层发送出去。在 SSL 协议中，所有的传输数据都被封装在记录中。每个 SSL 记录都包含以下信息：内容类型、协议版本号、长度、数据有效载荷和信息验证码。

二、安全电子交易协议

（一）安全电子交易协议概述

安全电子交易是一个通过开放网络进行安全资金支付的技术标准，由 VISA 和 Mastercard 组织共同制定，并于 1997 年 5 月联合推出。安全电子交易规范是一种为基于信用卡而进行的电子交易提供安全措施的规则，是一种能广泛应用于互联网上的安全电子付款协议，它能够将普遍应用的信用卡的使用场所从目前的商店扩展到消费者家里，扩展到消费者的个人计算机中。

SET 主要由 3 个文件组成，分别是 SET 业务描述、SET 程序员指南、SET 协议描述。

SET 的主要目标有：信息在互联网上安全传输，保证网上传输的数据不被黑客窃取；订单信息与个人账号信息隔离，当包含持卡人账号信息的订单送到商家时，商家只能看到订货信息，而看不到持卡人的账户信息；持卡人和商家相互认证，以确定通信双方的身份，一般由第三方机构负责为在线通信双方提供信用担保；要求软件遵循相同协议和报文格式，使不同厂家开发的软件具有兼容和互操作功能，并且可以运行在不同的硬件和操作系统平台上。

（二）安全电子商务模型

持卡人是指发行者发行的支付卡的授权持有者；商家是指有货物或服务出售给持卡人的个人或组织；支付者是建立商家的账户并实现支付卡授权和支付的金融组织；支付网关是由支付者或指定的第三方完成的功能；证书权威机构是为持卡人、商家和支付网关发行X.509v3 公共密码证书的可信实体。

（三）SET 的购物流程

具体包括以下几个阶段：

1. 支付初始化请求和响应阶段

当客户决定要购买商家的商品并使用 SET 钱夹付钱时，商家服务器上 POS 软件发报文给客户的浏览器 SET 钱夹，SET 钱夹则要求客户输入口令然后与商家服务器交换“握手”信息，使客户和商家相互确认，即客户确认商家被授权可以接受信用卡，同时商家也确认客户是一个合法的持卡人。

2. 支付请求阶段

客户发送包括订单和支付命令的报文，在订单和支付命令中必须有客户的数字签名，同时利用双重签名技术保证商家看不到客户的账户信息。只有位于商家开户行的被称为支付网关的另外一个服务器可以处理支付命令中的信息。

3. 授权请求阶段

商家收到订单后，POS 组织一个授权请求报文，其中包括客户的支付命令，发送给支付网关。支付网关是一个互联网服务器，是连接互联网和银行内部网络的接口。授权请求报文到达收单银行后，收单银行再到发卡银行确认。

4. 授权响应阶段

收单银行得到发卡行的批准后，通过支付网关发给商家授权响应报文。

5. 支付响应阶段

商家发送确认信息给顾客，顾客端软件可记录交易日志，以备将来查询。同时商家给客户装运货物，或完成订购的服务。到此为止，一个购买过程已经结束。

（四）SET 的认证

SET 通过证书、认证中心以及它的树形验证体系结构完成整个认证过程。

1. 证书

SET 中主要的证书是持卡人证书和商家证书，此外还有支付网关证书、银行证书和发卡机构证书。持卡人证书是支付卡的一种电子化的表示。商家证书就像贴在商家收款台小窗上的付款卡贴画，以表示用什么卡来结算。在 SET 环境中，一个商家至少应有一对证书，与一个银行打交道，同时，一个商家可以有多对证书，与多个银行有合作关系。

2. 认证中心

认证中心（CA）可以对商家进行认证，也可以对持卡人进行验证。CA 的主要功能包括接收注册请求，处理、批准 / 拒绝请求，以及颁发证书。

3. 证书的树形验证体系结构

双方在通信时，通过出示某个 CA 签发的证书来证明自己的身份，如果对签发证书的 CA 本身不信任，则可验证 CA 的身份，依次类推，一直到公认的权威 CA 处，就可确信证书的有效性。

SSL 是基于传输层的通用安全协议，它只占电子商务体系中一部分，可以看作其中由于传输的那部分技术规范。从电子商务特性来看，它并不具备商务性、服务性、协调性和集成性。而 SET 协议位于应用层，它对网络上其他各层也有所涉及。SET 中规范了这个商务的活动流程，从信用卡持卡人到商家，到支付网关，再到认证中心及信用卡结算中心之间的信息流向及必须参与的加密、认证都制定了严密的标准，从而最大限度地保证了商务性、服务性、协调性和集成性。

三、公钥基础设施

公开密钥基础设施（PKI）是一种以公钥加密技术为基础技术手段实现电子交易安全的技术。PKI 是由加拿大的 Entrust 公司开发的，支持 SET 协议、SSL 协议、电子证书、数字签名等。PKI 由认证机构、证书库、密钥生成和管理系统、证书管理系统、PKI 应用接口系统等基本成分组成。

（一）认证机构

CA 是证书的签发机构，它是 PKI 的核心。

（二）证书库

证书库是证书的集中存放地，是网上的一种公共信息库，用户可以从此处获得其他用户的证书和公钥。

（三）密钥生成和管理系统

PKI 应该具有生成密钥功能、备份与恢复脱密密钥功能以及密钥分配、撤销、暂停、否认和归档等功能。

（四）证书管理系统

如证书的获取、证书的鉴别、证书的有效性检查，以及证书的撤销作废等。

参考文献

[1] 范春风，林晓伟，余来文，等 . 电子商务：分享、跨界与电商的融合 [M]. 厦门：厦门大学出版社，2017.

[2] 邹莉 . 电子商务 [M]. 重庆：重庆大学出版社，2017.

[3] 大数据战略重点实验室 . 数聚力量：2016 年中国大数据产业峰会暨中国电子商务创新发展峰会全记录 [M]. 北京：当代中国出版社，2017.

[4] 李晓明 . 电子商务案例分析 [M]. 北京：中国铁道出版社，2012.

[5] 刘鲁川，徐光 . 电子商务概论 [M].2 版 . 北京：清华大学出版社，2016.

[6] 赵乃真，杨尊琦 . 电子商务技术与应用 [M].4 版 . 北京：中国铁道出版社，2017.